KB273382

엄마도 터놓고 말해야 한다

너는 뇌물을 받지 말라.
뇌물은 받은 자의 눈을 어둡게 하고
의로운 자의 말을 굽게 하느니라.

(출애굽기 23장 8절)

이·현·숙·교·육·에·세·이

엄마도 터놓고 말해야 한다

머리말

오늘 날의 우리나라 교육을 보고 21세기 학생을 20세기 선생님이 19세기 교실에서 교육하고 있다고 말한다.

나는 50년대 말에 초등학교에 입학하여 60년대에 초·중·고등학교 생활을 하고 70년대 초에 대학을 다녔다. 그때는 전쟁의 후유증과 정치적 과도기로 사회는 혼란하였고, 경제적으로도 어려운 시기였다.

나는 우리와 다른 선진국의 교육환경과 교육제도를 접하게 되면서, 우리의 다음 세대는 좀더 나은 교육 여건하에서 교육다운 교육을 받게 되기를 바랐다.

그로부터 20~30여 년이 지난 오늘 날, 나의 아들과 딸이 공부하는 교육환경을 보면 내가 학교 다니던 그 당시와 별로 달라지지 않은 교육 현실을 보고 실망을 느끼지 않을 수 없다.

그동안 많은 교육계 학자들이 배출되었으며, 그들이 대학에서 열심히 가르치고 있고, 교육부에서는 여러 정책을 내놓았지만 변함없는 교육의 부재에 안타까움을 느낀다.

그럴듯한 교육전문가의 목소리는 높지만, 사회는 여전히 뇌물과 폭력이 횡행하며, 원칙없는 사회로 치닫고 있다.

많은 교육자들의 노력은 허사였던가!

한 인간이 태어나서 사회에 나가 생산활동을 하기까지 준비하는 기간이 있다. 그 준비 기간이 교육하는 시기인 것이다. 인간이 출생한 후 맨 처음에는 어머니의 영향하에서 배우고, 다음으로 학교에서 선생님으로부터 학문과 인생관을 배우고 친구로부터 인간관계를 배우게 된다.

다시 말해서, 어머니가 교육시킨 토대 위에서 학교 교육이 이루어지고 학교가 교육시킨 토대 위에서 사회생활을 하게 된다.

따라서 이 사회가 이렇게 메마르고 폭력과 비리가 판을 치게 된 데는 어머니와 교사의 책임으로 귀책된다.

마찬가지로 이 사회를 정의롭고, 사랑이 가득한 사회로 만드는 데도 어머니의 역할이 중요하다. 그것은 모든 교육의 기초가 어머니의 교육에서 비롯되기 때문이다.

교육에 있어서 중요한 것은 그 교육 내용보다는 교육자와 피교육자와의 관계이다. 어머니와 아이의 관계, 교사와 아이의 관계가 아이의 인격 형성의 본질을 구성하는 것이다.

이러한 관점에서 볼 때, 어머니의 노력에 의해 어머니와 아이의 관계를 개선하고, 교사의 노력으로 아이와 교사의 관계를 개선함으로 이 사회의 왜곡된 질서를 바로잡을 수 있다고 할 수 있다.

이 책은 나의 이러한 확신에서부터 비롯되었다.

이 글을 쓰도록 조언을 해 주신 전, 현직 교사와 학부모님들께 감사드리며, 이 책이 나올 수 있게 도와주신 예은 편집부 여러분께 감사드리며, 물심양면으로 도움을 준 서정원 님께 감사를 드린다.

머리말

제1장

엄마가 엄마들에게 하고 싶은 이야기

제4장

바른 사회에 이르기 위하여

제1장

♠

엄마가 엄마들에게 하고 싶은 이야기

엄마처럼 살지 않을래요!

“나는 엄마처럼 살지 않을래요!”

이는 요즈음 유행하는 문구 중의 하나이다. 특히 신세대 여성에 대한 글이나 방송에서는 이 제목과 관계되는 내용들을 많이 다루고 있다. 얼마전 KBS-TV의 <아침마당>에서도 같은 제목으로 이야기하는 것을 보았다.

일반적으로 이러한 제목의 프로그램은 시대가 시대인 만큼, 또 사회변화가 요구하듯이 여성의 사회진출을 고무시키고, 여성이 사회에서 자신의 능력을 발휘할 수 있도록 정신적 동기를 부각시키려는 의도에서 기획된다.

그들이 갖고 있는 사고의 바탕은 여성도 남성과 동일한 사회적 능력을 갖추고 있다는 것이다. 어려서부터 남성과 똑같은 교육을 받은 여성의 능력을 사장시키지 말고, 여성 교육의 가치를 사회에 환원시켜야 한다는 것이다. 그러기 위해서는 이 사회가 여성들의 사회진출을 막지 말아야 하고, 여성에 대한 편견을 버릴 것이며, 남성과 똑같이 사회에 참여할 기회를 주어야 한다는 것이다.

나도 전적으로 동의한다. 그리고 내 개인적인 생각으로도 한국의 여성들은 남성들보다 그 능력이 뒤지지 않는다고 본다. 만약 우리 사회가 여성의 사회참여를 적극적으로 실천해 왔다면, 우리 사회는 지금보다도 더 바람직하게 변해 왔으리라. 지금이라도 한국의 여성들은 혼탁한 우리 사회를 변화시키는 데 그 주체가 되지 않으면 안 될 것이다.

여성이 사회에 끼치는 영향은 두 가지로 생각해 볼 수 있다. 한 가지는 직접 사회에 참여하여 활동하는 것이고, 또 다른 한 가지는 엄마로서 이 나라를 이어받을 2세 교육에 치중함으로써 사회에 간접적인 영향을 끼치는 것이다.

얼마전 「나는 엄마처럼 살지 않을래요!」 라는 제목으로 방송된 TV 프로그램 <아침마당>에 출연한 연사들의 발표를 들으면서, 문득 나는 어린 시절을 떠올렸다.

엄마처럼 살지 않겠다는 말은 나 자신이 어렸을 때 엄마에게 섭섭함과 허전함을 토로하면서 무수히도 했던 말이다. 그러나 나의 이 말은 <아침마당>에 출연한 연사들의 의도와는 다른 정반대의 다짐이었다.

나의 엄마는 의사였다. 엄마에게는 내가 태어나기전부터 지금껏 당신의 가족보다는 환자 진료를 더 중요하게 생각하였었다. 당연히 나와 내 형제들은 할머니와 일하는 아주머니 손에서 컸다. 어떻게 보면 아이들이란 원래 세끼 밥 먹고, 학교 왔다 갔다 하는 사이에 외적인 모습은 잘 자란다. 그러나 마음은 항상 허전함으로 정에 굶주려 있다. 아이들이 큰다고 할 때는 육체적 성장과 정신적 성숙이 동시에 일어나야 하는 것인데, 정신적 성숙은 외적으로 눈에 띄게 나타나지 않으므로 자칫 소홀해지기 쉽다.

할머니가 있었으니 엄마의 역할을 대신하지 않았었겠냐고 말할 수도 있다. 그러나 할머니의 보살핌은 육체적 성장에는 별 부족함이 없을지 몰라도, 정신적인 영향에서 보자면 엄마의 보살핌과는 현저한 차이가 있다.

아이와 할머니의 대화에는 엄마와의 대화와는 비교할 수 없는 세대차가 있다. 나는 할머니를 무척 좋아했지만, 할머니와 할 수 있는 이야기는 극히 한정되어 있었고, 두 세대나 차이가 나는 할머니와는 교감될 수 없는 부분이 많았다. 할머니와의 대화는 밥을 제때 먹었는가, 옷은 날씨에 맞게 입었는가, 숙제는 다 했는가 등과 같이 단순하지만, 엄마와의 대화는 오늘의 뉴스에 대한 의견, 어떤 선생님이 좋은가, 어떤 책을 읽었는데 그 주인공 같은 사람에게 호감이 간다는 등과 같이 정신세계에 관계되어 폭넓다. 그러나 일하는 엄마를 둔 나에게 엄마와 함께 할 수 있는 시간은 극히 제한되어 있었다. 함께 이야기를 나눌 여유란 더더욱 없었다.

나는 자라는 동안 엄마가 늘 집에 계시는 친구가 부러웠다.

'우리 엄마도 집에 있어서 내가 집에 돌아오면 직접 문을 열어주고 맞아주었으면……, 학교이야기, 친구이야기, 선생님이야기, 속상했던 이야기, 먹고 싶은 것 등을 언제고 엄마에게 말해봤으면……, 엄마손을 잡고 시장에 같이 가 보았으면……, 우리 엄마도 비오는 날 우산을 갖고 학교에 와 주었으면…….'

어린 시절 그렇게 나는 엄마의 정을 그리면서 성장했다. 그리고 나는 이 다음에 아이들과 잘 놀아주는 엄마가 되어야겠다고 생각했었다.

'내가 결혼해서 아이를 낳으면, 아이가 정에 목마르지 않도록 키워야지. 내 아이는 내가 책임지겠다는 생각으로 키울거야. 후회없는 엄마노릇을 해야지. 아이들과 손잡고 산보도 하고, 책방에도 같이 가서 책도 함께 고르고, 사랑으로 한껏 껴안으며 아이가 자라는 모든 순간들을 아이와 함께 즐길거야!'

그래서 나는 결혼하기도 전에 직장을 그만두었다. 그리고 지금까지 아이들과 함께 지내면서, 어린 시절부터 내가 생각해온 대로 살아왔다. 물론 조금의 후회도 없다. 가끔 아이들을 키우면서 이런 생각이 들 때가 있다.

'우리 엄마는 이 귀여운 아이들을 떼어놓고 어떻게 지냈을까? 모질기도 하지…….'

무엇보다도 어려서부터 늘 비어 있던 가슴 한쪽이 아이들을 키우는 동안 정(情)으로 가득 채워진 것에 감사하게 생각한다.

지금까지 지내오면서 단 한번, 피치 못 할 사정으로 둘째아이를 6개월 동안 친정에 맡긴 일이 있었다. 당시 생후 4개월

짜리였다. 그런데 아이를 찾으러 갔더니, 10개월이 다 된 아이
는 엄마를 잊은 듯 멀뚱멀뚱 나를 쳐다만 보고, 지금까지 자
신을 돌보던 사람에게 가서 안겨 버렸다. 아이를 집으로 데리
고 온 그날밤 나는 오랜만에 아이와 함께 잤는데, 그날밤 이
후로 아이는 잠시도 내 옆을 떠나지 않았다. 지금까지 자기를
돌봐주던 사람의 존재는 완전히 잊은 듯이, 그렇게 금세…….
그걸 보면서 나는 새삼 모녀의 정이 얼마나 깊은 것인가를 느
꼈다. 엄마의 손길이란 그 어느 누구와도 대체할 수 없는 것
이다. 그날 이후로 나는 늘 아이와 함께 했다.

　물론 부모와 아이들이 항상 좋은 관계로 지내는 것만은 아
니다. 아이들이 사춘기가 되면서는 그야말로 아무리 자식이고
엄마 사이라 할지라도 서로 각각 다른 언어로 말하는 것 같
은, 사방이 꽉 막힌 답답한 상황이 일어나기도 한다. 그럴 때
마다 나는 아이들과 대화를 계속 시도했다. 그러다 보면 단절
된 듯 보였던 아이와의 관계도 수습이 되곤 했다.

　앞에서 나는 바로 한국여성들이 현재 위기상태의 우리 사회
를 변화시키는 주체가 되어야 한다고 말했는데, 그러기 위해
서는 좋은 엄마의 역할이 선행되어야 한다고 생각한다. 곧 좋
은 엄마의 역할이 훌륭한 자녀교육의 기초가 될 것이며, 그것
은 다시 사회변혁의 든든한 다리가 되어 줄 것이라 생각한다.

　아이들이 유치원에 가기전까지는 전적으로 가정교육이 아이
들의 인격형성에 영향을 주며, 학교생활을 하기 시작하면서부
터 가정교육과 학교교육이 함께 아이들의 신체적, 정신적 성
장에 영향을 끼친다.

　사회적 활동으로 자신의 존재를 부각시키고자 하는 여성의 경우엔 차라리 아이를 낳지 않는 것이 바람직하지 않을까 하는 것이 내 생각이다. 그 이유로 다음의 세 가지를 들겠다.

　첫째, 엄마하고 있는 시간보다 혼자 있는 시간이 더 많은 아이들은 공허함을 느끼기 쉽고 그러다 보면 정서적으로 불안감을 갖게 된다. 또한 그것은 아이들로 하여금 다른 사회적인 문제를 일으키게 하는 근본이 된다. 인간에게 외로움이 얼마나 무서운 것인지는 누구나 알고 있다. 하물며 외로움에 면역성이 없는 성장기 아이들에게 외로움은 독소가 되기 쉽다. 그렇다면 그들의 외로운 마음을 지적수업이나 또는 긍정적이고 발전적인 일에 쏟게 하면 좋으련만, 우리 사회가 그렇지를 못하다. 오히려 그들 안에 독소를 키우도록 방치하고 있다. 대개의 미성년자 출입금지 유흥업소들은 영리를 위해 그들의 출입을 방관한다.

　둘째, 직장을 가진 대부분의 엄마들은 아이와 함께 하지 못하는 시간들 대신에, 아이가 원하는 것이면 무엇이든 사주어 물질로써 아이에게 보상하려 한다. 어려서 갖고 싶은 것은 무엇이든 가졌던 아이들은 성장해서도 물질에 대한 자제력을 가질 수 없게 된다. 따라서 원하는 것, 물질을 위해서 무슨 짓을 하든 양심의 가책을 느낄 수 없게 된다.

　셋째, 할머니나 친지 또는 남의 손에서 성장한 아이들은 부모들의 교육관과 또 다른 교육관 사이에서 갈등하게 된다. 예를 들면, 대개의 엄마들은 놀이터에서 마음껏 뛰어노는 아이의 옷이 더러워지는 것은 전혀 문제삼지 않는데 반하여, 할머니들은 옷이 더럽혀진 것에 대해 잔소리를 하기 십상이다. 엄마는 아이가 색종이를 오려서 무엇인가를 만들고 놀 때에 방이 지저분해지는 것을 야단치지 않지만, 다른 사람들은 아이에게 방을 어지럽힌다고 야단치기 쉽다. 일관성 없는 교육 사이에서 아이들은 똑바른 자기 생각을 갖지 못 하며, 눈치를 보며 성장하게 되는 것이다.

아빠가 없다든지, 아니면 아빠가 있더라도 특별한 사정으로 어쩔 수 없이 엄마가 가정경제를 맡지 않으면 안 될 경우라면 물론, 문제가 달라질 수도 있다. 대개 이러한 경우에는 엄마가 일 때문에 아이들과 함께 있지 못 하더라도 아이들은 엄마의 고충에 협조하며 잘 자란다.

다시 말하지만 이제부터 엄마들의 사회적 성취를 바른 사회를 이끌어갈 주역인 자녀들을 교육시키는 데 두면 어떨까? 물론 이 경우에 아이를 성적우수자로서 키우는 자녀교육을 의미하지는 않는다.

여성의 사회활동이 활발하고, 아이를 가진 여성들이 제도적으로나 사회적으로 완벽한 보장을 받고 있는 선진국가에서 엄마들은 가정으로 돌아가자는 운동이 진행되고 있는 것은 이미 오래된 일이다. 이 운동은 모든 사회적 문제가 '가족'이라는 단위에서부터 발생한다는 생각에 기저를 둔 것이었다.

사회적 위기를 겪는 많은 국가들이 이러한 운동을 전개하고 있는 사실을 명심하여 우리는 그 시행착오의 과정을 밟지 않도록 하여야 하겠다.

　지금의 우리 사회에는 사회 활동을 하고 있는 여성은 능력이 있고, 가정에서 엄마노릇과 아내로서 성실한 사람은 능력이 없는 것이라고 평가하는 경향이 팽배해 있다. 또 웬만한 교육을 받은 엄마들은 스스로가 집에서 아이만 돌보고 있으면 어쩐지 사회로부터 소외당하고, 낙오자가 되어가고 있다는 강박관념에서 벗어나기 힘들다.

　이러한 사회를 살아가는 여성은 지혜로운 엄마로서, 또 능력있는 여성으로 대처하지 않으면 안 된다. 아이에게는 엄마의 부족함없는 보살핌을 주고, 사회적으로 자아성취를 하기 위해서 아이의 성장과정에 맞추어 미래를 계획하고 아이와 시간적 조화를 잘 이루며 살아야 한다.

　무엇보다도 아이를 낳으면 우선 엄마노릇에 충실하여야 한다. 인격형성의 80%가 이루어지는 5살까지의 중요한 시기를 놓치지 않아야 한다.

　이 시기에 엄마는 전적으로 푸근한 사랑과 바른 교육으로 아이에게 최선을 다해야 하며, 아이와 함께 하는 시간을 충분히 즐길 수 있는 지혜가 필요하다. 만일 엄마의 취미나 특기를 아이와 나누어 가질 수 있다면 재창조의 기쁨을 누리게 될 것이다. 예를 들어 글쓰기 좋아하는 엄마는 육아일기 쓰기, 뜨개질이나 바느질에 취미가 있으면 아이를 위한 용품만들기, 사진 찍는 취미가 있으면 아이 사진을 찍어 스크랩을 해두는 등 아이와 함께 즐거움을 나눌 수 있는 것이면 그 어떠한 것이든 충분할 것이다.

　아이가 유치원에 가게 되는 나이가 되면 자연 엄마에게는 시간적 여유가 생기기 시작한다. 또한 초등학교, 중학교, 고등학교에 진학할수록 점점 아이가 학교에서 생활하는 시간이 많아질 것이다. 그러면 엄마들은 그 시간을 사회활동을 위한 자기충전과 자아실현을 위한 시간으로 활용할 수 있을 것이다.

어려서 사랑을 듬뿍 받고, 엄마와 대화를 하며 성장한 아이들은 사춘기가 지나면서 사회악으로부터 바른 판단을 할 수 있는 올바른 가치관을 정립하고, 자기가 할 일을 스스로 알아서 할 수 있는 능력을 갖게 된다.

엄마로서 아이를 최선을 다하여 키웠다고 생각할 때는 아이의 성장결과에 대하여 후회가 없겠지만, 그렇지 못한 경우에는 평생을 가슴 아파하며 지내게 되는 경우가 많다. 엄마의 사랑은 자녀들이 인생을 살아가는 데 있어서 엄청난 저력을 갖게 하고, 엄마의 교육은 자녀들을 바른 길로 가게 하는 밑거름이 된다. 엄마가 된 여성들은 밖으로의 존재가치보다는, 이 세상에 태어난 한 생명에 절대적인 가치를 부여하여 자녀들을 키움으로써 악이 없는 건전한 사회와 사랑이 넘치는 사회를 형성하는 데 큰 역할을 해야 할 것이다.

2

어린이의 인권

요즈음에 이런 일은 거의 없으리라 생각한다.

몸집이 작은 편이었던 나는 중학생이 되었어도 초등학생 취급을 당하였다. 할머니와 함께 기차를 탈 때면, 할머니께서는 돈을 절약하기 위해 엄연히 중학생인 나를 초등학교 어린이로 취급하여 꼭 반표를 끊으셨다. 할머니께서 하시는 일이니 아무 소리 못 하고, 나는 그 표를 손에 쥐고 가슴을 졸이며 개찰구를 빠져 나가곤 하였다. 내 키가 조금 더 커졌을 때에도 반표를 끊은 어느날, 표 검사원이 할머니에게 얘는 반표아이가 아니라고 따졌다. 그러나 할머니는 마냥 나를 어린이라고 우기셨다. 나는 눈물이 핑 돌았다. 나에게 온표를 끊을 넉넉한 돈만 있다면 당장에 온표로 바꾸고 싶었다. 돈을 더 내는 한이 있더라도 나는 당당히 어른 취급을 받고 싶었다.

요즘의 전철역이야 개찰구가 자동화되어 있어 온표, 반표 관계없이 표만 넣으면 개찰구가 열리게 되어 있다. 특히 어린 아이들은 밑으로 빠져 나갈 만한 공간도 있다. 이것을 보자면 내가 어렸을 때보다 우리 사회가 서로 믿고 사는 사회라는 생각이 든다. 또한 차삯 정도는 극히 작은 돈으로 취급되는, 물질적으로 풍부한 사회가 되었다는 생각도 든다.

그러나 어쩌다 초등학교 1~2학년 정도의 아이를 개구멍에 들이밀듯 개찰구 밑으로 꾸부리고 나가게 하는 부모를 목격하게 되면, 내 어린 시절의 쓰린 추억을 상기하게 되고, 그 아이의 마음을 읽게 된다. 그래서 나는 아이도 어른과 똑같은 인격체라는 것을 항시 명심하여 존중해 왔다.

내가 어렸을 때의 몇 가지 기억으로 어른들이 아이들을 대하는 태도를 생각해 보았다. 무엇보다 아이들을 야단칠 때 여러 사람 앞에서 야단쳐서는 안 될 것이다. 그것은 가정에서나 학교에서나 마찬가지이다. 친구 앞에서 개인적인 문제로 어른에게 큰 소리로 야단을 맞는 아이는 야단맞는 이유를 생각하기보다는, 친구 앞에서 야단을 맞는 자신의 모습을 수치스러워 하는 데 더욱 마음을 쓰는 것이다. 그러므로 아이를 야단치려면, 가정에서는 아이와 단 둘이 있는 곳에서 작은 소리로 야단을 치는 것이 더욱 설득력이 있고, 학교에서는 교무실이나 학생과 단 둘이 있는 곳에서 작은 소리로 야단을 치는 것

이 더욱 효과적이다. 물론 이때 아이와 어른의 눈높이를 같도
록 하는 것이 필수이다.

　"어머, 언니보다 동생이 더 예쁘네!"
　또한 무심코 던진 어른의 한 마디가 아이들 가슴을 찌르는
비수가 된다는 것을 생각하는 어른은 드문 것 같다. 특히 나
란히 서 있는 형제, 자매를 비교할 때, 열등하게 말해지는 아
이는 무참해진다. 내 아이, 남의 아이 할 것 없이 아이들을 서
로 비교하며 함부로 말하지 않는 것이 아이들을 대하는 기본
예의인 것이다.

　"공부 잘해?"
　어렸을 때 누가 나에게 이렇게 물은 적이 있었는데, 그때
나는 참 할 말이 없었다. 누군들 공부를 잘하고 싶지 않겠는
가? 그리고 과연 몇 등을 해야 공부를 잘 한다고 말할 수 있
는 것인지…….
　요즘의 초등학교 성적표에서 반 등수와 수우미양가의 등급
표시가 없어진 것은 아이들의 인권을 존중해 준다는 점에서
적극 환영하는 바이다. 아이에게 "공부 잘해?"라고 묻는 것보
다는 차라리 이렇게 묻는 것이 어떤가?
　"공부 열심히 하니?"
　아마도 아이들은 이 물음에 갈등없이 대답할 것이다.

역효과인 엄마의 도움말

"여보, 오늘부터 안전벨트 착용을 하지 않으면 벌금을 물게 된다고 하니까, 당신의 안전을 위해서도 안전벨트하는 것을 잊지 마세요."

"잔소리 좀 그만해!"

내 딴에는 남편에게 도움을 주려고 말을 한 건데, 남편은 곧잘 짜증난 목소리로 내 말을 묵살하기 일쑤였다.

그리고는 분명 아침에 출근할 때 얘기를 해주었건만, 아내인 내 말을 잔소리로만 흘려버린 남편은 그날 안전벨트를 하지 않아 교통순경에게 걸려 벌금통지서를 받았다. 꼼짝없이 벌금을 물어야 했던 남편은 그 이후부터는 승차시 착실히 안전벨트를 착용했다. 결국 근 10년 동안의 줄기찬 잔소리에도 굴하지 않던 남편의 안전벨트 미착용의 악습이 그 대단원의 막을 내린 것이다.

자라나는 아이들에게도 마찬가지다. 엄마의 도움말이 간섭이나 잔소리로 여겨지는 경우가 자주 있다. 반면 아이들이 선생님의 조언을 신중하게 받아들이는 확률은 높다. 바로 그 점을 이용하여, 아이가 저학년일 때 학부모가 선생님께 아이가 고쳐야 할 점들을 귀띔해 준다면, 우회적인 교육 효과를 볼 수 있다. 가장 대표적인 예가 산타할아버지에게 크리스마스 선물을 부탁하면서, 아이에게 선행을 요구하는 엄마들의 모습이라 하겠다.

아이의 행동이나 학습태도, 습관 등이 엄마의 눈에 거슬리는 경우에, 엄마는 이를 지적하고 수정을 해주게 된다. 아이의 습관이 사회적인 윤리나 부모의 기준으로 볼 때 바람직하지 않다면, 예컨대 늦잠을 잔다거나, 지하철을 탈 때 내리는 사람을 기다리지도 않고 먼저 비집고 들어가려고 한다거나, 편식을 하거나, 물과 같은 자원을 낭비할 때, 아이들이 그러지 않도록 행동을 교정해 주는 것이 부모의 역할이고 의무라 할 수 있다.

그런데 요즈음의 엄마들은 아이들이 공중도덕을 무시하거나, 질서를 지키지 않을 때 그들의 행동을 저지하기보다는, 공부를 하지 않을 때 공부하라고 잔소리를 하는 경우가 많은 것 같다. 나는 식당에서 아이들이 마구 뛰어다니며 소란을 피워도 그 아이의 부모들이 주의를 주지 않는 경우를 너무나도 자주 목격한다. 일전에는 식당에서 제멋대로 행동하는 어린이에게 어떤 사람이 꾸지람을 했는데, 그 아이의 부모가 자기 자식의 기를 죽인다고 그 사람에게 거칠게 항의했다는 신문기사를 읽은 적이 있다. 물론 자기 자식이 남에게 꾸지람을 들을 때, 기분좋을 부모는 없다. 그러나 자기 아이가 사회질서를 무시했을 때 이를 못 하게 하는 것이 부모의 온전한 도리 아닐까?

어린이들 혹은 젊은 청년들이 사람 많은 곳에서 제멋대로 행동하는 것은 그들의 부모들이 가정에서 사회규범을 가르치지 않았든지, 모범을 보이지 못 했던 데에 원인이 있다. 오히려 부모들은 자녀에게 사회규범이나 질서를 교육하기 위해 '잔소리'를 하는 경우는 드물고, 공부를 게을리할 때 주로 잔소리를 한다. 그것은 잘못된 것이며 효과도 없다. 또 시험 때가 되면 좋은 점수를 얻게 하기 위하여 과목마다 붙잡고 간섭을 하며 도와주려고 한다. 이 경우 엄마의 잔소리는 역효과를 가져오기 십상이며, 아이가 사춘기일 때면 그 역효과는 더욱 증폭된다.

내 아이가 초등학교 3학년이었을 때의 일이다. 그 당시 아이는 한글에 익숙치 않아 맞춤법이 제멋대로였다. 소리나는 대로 쓰는 것이 그 아이로서는 최선이었다. 학교숙제 중에는 매일 일기쓰기가 있었는데, 나로서는 일기쓰기를 도와주면 많은 향상이 있으리라 생각하여 날마다 일기를 검사하고, 틀린 것이 있으면 맞춤법에 맞게 고쳐 주었다. 그러다 보니 자연히 나는 일기 내용에 대해서도 아이에게 얘기하게 되었다. 이 부분은 이렇게 쓰는 것이 더 좋지 않을까? 이건 빼는 것이 좋겠다 등등. 그런데 아이는 자기가 쓴 내용을 가지고 엄마인 내가 이러쿵 저러쿵 하는 것에 대해 거부감을 가지는 듯 보였다. 아이는 틀린 철자를 계속 틀리기 일쑤였으며, 다음에는 잔소리를 듣지 않으려고 아예 내용을 간략하게 쓰거나, 아주 자신있는 낱말만을 골라서 쓰기 시작하였다. 당연히 아이의 일기는 평이하고 사무적이 되어서, 자기 속마음을 쓰는 일기가 아니라 단지 있었던 사실 중 극히 일부만 성의없이 쓰는 일기가 되었다.

그러나 나는 정확한 철자보다는 솔직하게 일기쓰는 습관이 더 중요하다고 생각하고 있었다. 실수가 없는 무성의한 글보다는, 비록 철자가 많이 틀리더라도 정성껏 쓰는 글이 더욱 소중하고, 그 가운데서 어휘력이 풍부해지며, 창의력도 생기는 것이라 생각했다.

사실 우리가 영어회화를 배울 경우를 생각해 보자. 만약 남의 말인 영어를 전혀 틀리지 않고 완벽하게 하려는 욕심이 앞선다면, 자신있게 말할 수 있는 아주 한정된 쉬운 단어만을 사용하게 될 것이고, 그렇게 되면 그 사람의 영어실력은 늘 제자리 걸음일 것이다. 그러나 어설픈 수준으로나마, 말이 되든 안 되든 자신의 어휘력을 총동원해 가며 용감한 시도를 한 사람은 당장은 웃음거리가 될지 모르나 전자의 경우보다 훨씬 빠른 속도로 영어실력이 향상될 것이다. 이러한 생각으로 나는 더 이상 아이의 일기쓰기를 도와주지 않기로 했다.

그후 아이는 다시 열심히 쓰는 것 같았다. 그리고 여러 달이 지난 어느날 아이는 신이 나서 자랑하였다.

"선생님께서 제 일기를 보시고서, 제가 만든 단추목걸이를 보고 싶으시대요."

그리고는 스스로 일기를 나에게 보여주었다. 아이는 며칠 전 집에서 만든 단추목걸이에 대해 일기장에 자세히 설명해 놓고 있었다. 예쁜 목걸이라고 어찌나 열심히 설명을 해놓았던지, 그 글을 보면 자연 그 목걸이를 보고 싶은 마음이 들만 하였다. 아이의 담임선생님은 직접 빨간펜으로 아이가 단추목걸이를 묘사한 부분에 줄을 긋고 이런 말을 써놓았다.

"나에게 한번 보여 줄 수 있겠니?"

아이의 담임선생님은 순전히 숙제검사 차원에서 일기를 보셨고, 아직 저학년인 아이는 엄마의 도움말을 잔소리로 여기는 것과는 달리 선생님이 일기를 보는 것에 대해서 전혀 이의가 없었다. 그리고 나는 아이의 일기장을 보고, 아이의 담임선생님이 보통 성의를 가지고 아이들 교육에 임하는 것이 아니라는 것을 느낄 수 있었다. 대충 아이의 일기장에 '검'자 도장을 찍어줄 수도 있으련만, 일일이 고쳐주고, 또 의견까지 적어놓는 꼼꼼함과 정성에 경의를 표하지 않을 수 없었다. 자신의 일기에 대한 담임선생님의 친절한 반응을 감지한 아이는 이후로 일기를 더욱 열심히 썼을 뿐 아니라, 한글 맞춤법도 눈에 띄게 발전하였다.

부모가 아이의 학업을 일일이 애쓰며 도와주는 것은 아이에

게 간섭으로 여겨져, 오히려 역효과를 주며, 부모의 간섭으로
말미암아 아이들은 창의력을 상실하게 되고, 열심히 하려는
의욕을 잃기 쉽다. 그러므로 부모들은 아이들이 스스로 터득
할 수 있는 시간적 여유를 갖게 해야 한다. 부모들은 아이들
을 도와주거나 잔소리를 하면 자녀들이 빨리 배울 것이라고
기대하지만, 그것은 부모들의 조급한 심정일 뿐이다. 자녀교육
은 언제까지고 참고 기다릴 줄 아는 부모들의 인내를 필요로
한다.

4

학이시습지 불역열호!

논어에 나오는 이 말을 처음 배울 때에는 그 뜻을 완전히 이해하지 못 했었다. 그냥 하나의 지식으로만 받아들였을 뿐, 그 말의 속뜻은 실감하지 못 했었다. 등뒤에서 떠밀리다시피 공부를 강요당했던 학창시절, 배워서 깨닫는 것에 대한 즐거움이 과연 어떤 것인지 알 수 없었다. 오로지 외우고, 눈으로 인지되는 단어들만을 머리속에 넣었을 뿐이었다. 비로소 30살이 되면서, 나 스스로 하고 싶은 일을 찾고 나서야 배움의 즐거움을 실감하게 되었다.

비록 나는 어린 시절에 세상은 즐겁게 살아갈 만한 가치가 있다는 것을 모르는 채 성장했지만, 나의 아이들만은 세상에 있는 모든 존재의 의미가 깊고, 현상들이 가져오는 놀라운 섭리에 대해 책을 통해서만이 아닌, 실지로 경험하며 눈뜨게 되기를 바랬다.

무엇을 얼만큼 외워서 아는가는 중요하지 않다. 나는 다만 아이들이 이 세상에 가득한 흥미로운 일들을 하나 하나 발견해내는 즐거움을 만끽하며 살아가길 원했다. 무언가를 스스로 알게 되는 아이들은 무한한 기쁨을 가지게 될 것이고, 또한 그 기쁨은 아이들로 하여금 삶의 보람과 의욕을 갖게 할 것이었다.

아이들이 어려서 한글을 빨리 읽을 수 있도록 가르치는 일은 그리 중요하지 않다. 오히려 부모는 아이들 스스로 자연의 변화에 대해 호기심을 가질 수 있도록 하는 것이 중요하다. 아이에게 숫자 개념이 생기기 시작했을 때, 나는 베란다에 화분을 들여놓고 나팔꽃씨를 심었다. 물을 주고 보살펴주니 싹이 나고 줄기가 생겼다. 줄기가 올라가는 것을 도와주기 위해 받침대도 해 주었다. 아이는 항상 내 곁을 졸졸 따라다니며 거들어 주고, 재미있어 하였다. 아이는 아침에 눈만 뜨면 꽃 앞에 앉아 밤 동안의 변화를 살피곤 했다.

그리고 이후로 아이는 과일 속에서 나온 씨 등 어떤 씨든지 보기만 하면 잘 보관하였다가 심고 싶어 했다. 생명의 신비에 강한 호기심을 갖게 된 것이다. 아이는 분홍색과 보라색 두 가지 나팔꽃을 보면서 서로 다른 색깔의 이름을 알게 되었고, 분홍색 나팔꽃과 보라색 나팔꽃을 합해서 셀 줄도 알게 되었다. 이외에도 나팔꽃 하나 심어서 아이가 자연스럽게 배울 수 있는 것은 너무도 많았다.

한번은 아이와 아이의 아빠가 저녁에 산책을 나간 적이 있었다. 아이가 아빠에게 물었다.

"아빠, 그림자가 여기서는 이쪽에 있는데, 저쪽에 가면 왜 다른 쪽에 생겨요?"

아이는 불빛에 따라 그림자의 위치가 달라지는 것에 대해 궁금해 했다. 아이의 아빠는 집에 돌아온 후 아이에게 스탠드를 갖다 놓고 설명을 해주었다. 그림자와 빛의 관계, 그리고 지구와 해와 달의 관계까지도. 아이는 무척 재미있어 하며 스스로 여기저기 물건을 옮기며 실험해 보았다.

아이가 5살일 때였던가, 어느날 옆집 친구집에 놀러 갔다온 아이는 카세트테이프를 사달라고 했다. 자세히 물어보니 동화구연테이프였다. 나는 일률적인 음성과, 너무 가식적인 표현이 싫어서 아이에게 그런 테이프는 사주지 않고 있던 터였다. 대신 남편과 함께 아이에게 자주 책을 읽어 주었었다. 생각 끝에 나와 내 남편은 공테이프에 직접 녹음을 하기로 했다. 이야기책에 나오는 주인공들의 목소리를 각각 달리하여 녹음을 하는 사이사이에 장면에 맞는 음악과 음향효과도 삽입하였다. 아이는 아빠, 엄마가 녹음한 그 테이프를 들으며 무척 즐거워하였다. 어떤 것은 너무 들어서 테이프가 늘어나기도 했다. 또한 테이프를 들으며 책을 본 아이는 글씨를 쉽게 배웠다. 아이가 글씨를 읽게 된 후로는 함께 이야기책을 녹음하기도 했는데, 무척 즐거운 시간이었다.

　특히 아이들과 함께 하는 시간 동안 나 자신의 발전 또한 도모할 수 있었던 경우도 있었는데, 그것은 사진찍기였다. 그 옛날 나의 아버지께서 찍으셨던 내 어린 시절의 사진들을 보며, 사진에 대한 흥미와 관심을 키웠던 나는 결혼 전에 사진을 조금 배웠었다. 그래서 20년 전인 신혼여행 때에는 솜씨를 한껏 발휘할 수 있었다.

　출산 후 아기와 함께 외출이 불가능할 때에 사진은 나에게 아기를 찍는 즐거움과 감상하는 기쁨을 동시에 안겨 주었다. 그리고 아이는 자라는 동안에 내 사진의 모델과 비평가로 활약하며, 나에게 무한한 기쁨을 주었다. 특히 사진은 우리 가족 모두가 배움의 즐거움과 창작의 기쁨을 누릴 수 있도록 해주었다.

　요즈음 신문이나 잡지, TV 등을 통해 유아용, 어린이용 학습교재의 광고를 자주 보게 된다. 그 광고들을 보면, 아이가 어려서부터 그 교재들을 사용하면 영재나 천재가 될 것 같은 착각에 빠진다. 그러나 그런 교재들은 너무 단편적이기 때문에, 아이들은 매우 부분적이고 얕은 지식을 갖게 된다. 그나마 일시적이다. 다시 말하면 그런 교재들은 아이들에게 사물에 대한 전반적인 통찰력이라든가, 새로운 것에 대한 동기유발을 가져다 주지는 못한다. 흔히 우리는 주위에서 이런 말을 듣곤 한다.

　"얘가 어렸을 때는 공부를 잘했었는데, 커서 점점 못해지네요. 도무지 성적이 오르지 않아요."

　단편적인 교육은 아이에게 일시적인 효과만을 준다. 아이가 커갈수록, 지식의 연결고리가 점점 넓어질수록 아이 스스로 공부하고자 하는 의욕이 따라주지 않는 한, 아무리 어릴 때 똑똑하고 영리했다 하더라도, 이후 계속적인 성장을 기대할 수 없다. 그러므로 어려서는 새로운 것에 대한 흥미와 알게 되는 것에 대한 즐거움을 자연과 생활하는 가운데 찾을 수 있도록 도와주는 것이 제일 중요하다. 숱한 학습지를 보게 하고, 학원으로 무작정 보내는 것이 아이들을 위하는 길이 아님을 새삼 강조하고 싶다.

촌지 그리고 뇌물

　한때 노태우 전 대통령의 비자금이 기업으로부터 받은 관행적인 촌지였는지, 아니면 특정 이권에 대한 뇌물이었는지가 논란의 대상이 되었다. 검찰은 이에 관행성 촌지의 경우에는 처벌을 하지 않고, 뇌물의 경우에는 단죄를 하겠다는 입장을 보였는데, 결국은 대부분의 돈이 뇌물성 자금인 것으로 판단되어 한 나라의 대통령이었던 사람을 기소하게 되었다.

　'촌지'와 '뇌물'의 차이를 국어사전(민중서림)에서 찾아보니 '촌지'는 감사의 표시로 주는 적은 선물로 되어 있고, '뇌물'은 이익을 얻기 위해 권력자에게 주는 정당하지 못한 돈이나 물건으로 되어 있다.

　노전(盧前) 대통령의 비자금 유출 사건이 발표되었을 때, 어떤 교사는 최고 권력자의 부정에 대해 학생들에게 해줄 말이 없다며 난감해 하였다. 내 생각에 그렇게 말할 수 있는 교사가 많다면 우리의 교육환경이 아직도 건전함을 반증하는 것이 아닐까 싶다. 그러나 유감스럽게도 우리의 교육 현실은 그렇지 않은 듯 하다.

　3월이 되고 자녀들이 새학년이 되면 '새학년 증후군'이라는 말이 학부모들 사이에 유행한다. 새학년이 되어 아이들이 반배정을 받게 되면 부모된 도리로 자식의 담임을 찾아 보는 것이 당연한 일일 터인데, 학부모들에게는 담임을 만나러 가겠다는 마음이 선뜻 들지 않는다. 그 이유는 돈봉투를 가져가야 된다는 부담 때문이다. 사실 학부모가 아이의 담임선생님을 찾아가 돈봉투를 건네고 오는 일은 어제 오늘의 일이 아니다. 50년대에도 있었던, 아니 어쩜 그 이전에도 있었던 일일 것이다. 그러나 과거에는 교사들의 급여 수준이 상당히 낮았고, 대부분 가정의 경제를 전적으로 책임지는 남자교사들이 많았었다. 또 당시는 사회 전체적으로 뇌물과 비리, 폭력 등이 난무하였었는데, 이러한 점들과 비교하자면 현재는 상대적으로 사회 여러 분야에서 안정되었고, 국민의 의식 수준도 고양되었으며, 무엇보다도 의식주 기본 욕구가 많이 충족되어 있다. 현재의 사회적 여건이 이러할진대, 부모들이 아이의 선생님을 만나러 학교에 가야 할 때 돈봉투 때문에 고민을 한다는 것은 안타까운 일이 아닐 수 없다. 특히 '새학년 증후군'이란 말이 돌 정도로 많은 학부모가 심한 고민에 빠져드는 것은, 바로 그곳이 자신의 자녀가 교육을 받는 학교라는 사실 때문이다.

학교는 교육이 이루어지는 곳이다. 또한 교사는 만인의 존경을 받아야 하는 사회적 직업이라고 생각하는 대다수 학부모들은 교사들에게 돈봉투를 건네는 것이 괴로울 수밖에 없다. 왜냐하면 그 돈봉투의 의미를 주는 사람이나 받는 사람이나 모두 암묵적으로 잘 알고 있기 때문이다.

돈봉투를 건네는 사람은 그 돈봉투를 촌지라 부를 수 있다. 자기의 행위를 합리화하기 위해서……. 돈봉투를 받는 사람도 마찬가지 이유로 그것을 촌지라고 부른다. 그러나 그것은 분명 촌지가 아니고 뇌물이다. 학부모가 아이의 선생님에게 돈봉투를 줄 때, 학부모는 아이의 선생님이 자신의 자녀를 다른 아이들과 차별하여, 특별히 대하고 가르치길 기대하기 때문이다. 그렇기 때문에 특히, 학년초에 학부모가 아이의 선생님에게 건네는 돈봉투는 촌지가 아닌 뇌물이 된다.

학부모가 교사에게 바치는 뇌물은 다른 류의 뇌물보다 더 많은 해악을, 더 많은 사람들에게 끼친다. 그중 가장 큰 해를 입는 사람은 학생이다. 학부모가 마음에 걸려 하면서도 교사에게 뇌물을 바치는 것은 오직 한 가지, 자신의 자녀를 위해서인데, 자기 자녀를 위해서 바친 돈이 오히려 자신의 자녀에게 해가 된다고 한다면 언어도단일까? 그러나 그것은 명백한 사실이다.

"책 읽을 사람 손 들어 보세요!"

"저요! 저요!"

　이는 초등학교에서 흔히 볼 수 있는 광경이다. 정상적인 아이라면 누구나 선생님으로부터 주목받기를 원한다.

　한 학생의 부모가 선생님에게 돈봉투를 건네 주었고, 아이는 그 사실을 모른다고 가정하자. 이때 아이는 엄마가 준 뇌물 —뇌물이라는 말이 거북스러우면 촌지라고 하자. 이미 촌지와 뇌물은 같은 것이라고 규정했으니까— 덕분에 다른 아이들을 제치고 선생님으로부터 지목을 받고 책을 읽는다. 이후로도 이런 일이 자주 반복되고, 아이는 이제 수업시간에 자신이 지목을 받고 책을 읽는 일을 아주 당연시하게 된다. 더 이상 주목받기 위한 어떠한 노력도 하지 않게 된다. 즉, 촌지 덕분에 당신의 아이는 수동적인 아이로 변하게 되는 것이다.

　사실 아이가 수동적으로 되는 것은 자기 부모가 선생님에게 촌지를 주었다는 사실을 아이가 알고 있든 모르고 있든 마찬가지이다. 다만 아이가 부모와 선생님간의 거래를 알게 될 경우, 아이는 수동적으로 될 뿐만 아니라 냉소적으로 된다. 그리하여 선생님의 권위를 인정하지 못 하게 된다. 촌지로 인하여 군사부일체였던 교사의 권위가 땅에 떨어지는 것이다. 경우에 따라 아이들은 특권의식에 젖어 교만해질 수도 있다. 부모들이 집에서 아이들에게 어떻게 이야기하는지는 몰라도, 아이들은 심지어 자기 부모가 선생님께 갖다 드린 돈의 액수까지 알고서 서로 이야기한다고 하니 한심하기 이를 데 없다.

　교사에게 뇌물성 촌지를 주는 학부모는 아이들에게 교사에 대한 이야기를 할 때, 존경하는 마음을 가지고 이야기해 줄 수가 없다. 정의와 양심을 교육해도 모자랄 터인데, 교사와 학부모간에 뇌물이 오고 가는 추잡한 현장을 자라나는 어린 영혼들에게 적나라하게 노출시키고서는 어떻게 교육이 바로 서기를 기대하며, 법과 원칙의 사회가 되기를 바랄 수 있겠는가?

학교에서의 뇌물은 이 나라의 장래에도 해독을 끼친다. 어려서 교사와 학부모간의 뇌물 수수를 보고, 차등대우를 받으며 자란 아이들이 어른이 되어서 법질서를 바로 지킬 수 있으리라 생각한다면 그야말로 연목구어(緣木求魚)가 아닐 수 없다. 만일 그런 아이들중 어느 한 아이가 자라서 대통령이 된다면 뇌물 받는 것을 관행으로 생각하며, 뇌물 수수 사실이 발각되더라도 부끄러운 줄 모르고 통치를 위한 자금이라고 말할 것은 자명한 일이다. 만일 사장이 된다면, 회사의 수익보다 더 많은 돈을 권력자에게 바치고 반대급부를 요구하게 될 것도 불을 보듯 뻔한 일이다.

굳이 그렇게 먼 장래를 내다보지 않더라도, 교사에게 촌지라는 미명하에 정기적인 뇌물을 갖다 준 학부모일수록 아이들의 상급학교 입학문제라든가, 군대문제 등에서 유리한 조건을 만들기 위해 뇌물은 물론이고, 합법을 가장한 갖은 위법을 자행하여 이 사회를 혼탁케 하는 것을 주위에서 자주 보게 된다.

결국 교사는 교사대로 권위를 유지할 수 없어 피해를 입는다. 권위를 상실함으로써 학생들에게 마땅히 가르쳐야 할 인간으로서의 도리를 가르치지 못 하게 된다. 그리고 학부모는 경제적 손실은 말할 것도 없고, 다른 학부모들로 하여금 교사에게 뇌물을 주게끔 하는 도미노 현상을 유발한다. 또한 가정의 경제적 손실을 만회하기 위해 부모는 또 다른 비리를 다른 곳에서 즉, 직장 등에서 저지르게 된다.

이처럼 교사에게 주는 촌지는, 바꾸어 말해 교사가 받는 촌지는 교사와 학부모, 학생에게 해악을 끼치며 나라의 장래에까지 해악을 끼친다. 그렇다면 엄청난 피해를 끼치는 촌지가 이 나라에서 횡행하는 원인과 책임은 과연 누구에게 있는 것인가? 그것은 두말할 것도 없이 관련자 모두에게 있다. 학부모, 교사 그리고 항상 그렇듯이 교육감독기관이 모두 합세하여 주범 노릇도 하고, 공범 노릇도 하며 비리를 저질러왔다. 굳이 그 책임의 경중을 따지자면 제일 큰 비난을 받아야 하는 쪽은 학부모일 것이다.

우리는 감독기관이 촌지나 뇌물을 근절할 수 있으리라고는 기대하지 않는다. 왜냐하면 교육부나 감사원, 검찰 등의 감독기관은 그들 고유의, 우선 순위의 업무들이 있을 뿐 아니라, 겉보기엔 고마움을 전하고 있지만 속내용은 검디 검은 촌지를 파헤치기가 스스로 겔끄러울 것이기 때문이다. 아무래도 일선 교사의 촌지 수수 관행을 중지시키는 데 가장 영향을 미칠 수 있는 책임자는 각 학교의 학교장일 것이다. 학교장에게 확고한 철학과 의지만 있다면야 뇌물의 근절은 가능하다고 본다. 그런데도 뇌물이 근절되지 않는 것은 순전히 학교장의 업무태만 때문이다. 비록 과거에 똑같이 뇌물을 주고 받아왔다 하더라도, 이제부터는 마땅히 자기의 할 일을 해야만 한다.

　　교사들중 극히 일부는 촌지를 거부하고 있다. 그러나 다른 극히 일부 교사들은 촌지를 받기 위해 적극적으로 애를 쓴다. 또한 대부분의 교사들이 마음속으로 원하지는 않지만, 시류에 따라 촌지를 수수하고 있는 실정이다. 여러 교사들의 말에 의하면, 처음 임용된 교사는 촌지도 받지 않고 본분에 최선을 다한다고 한다. 그러나 그들은 곧 자신이 기존의 다른 교사들로부터 소외당하고 있다는 것을 느끼게 된다고 한다. 그리하여 이후로는 적당히 타락하고, 타협하여 촌지를 받는다는 것이다. 학부모로부터 촌지를 가져오도록 유도하는 일부 교사들의 계획은 주도면밀하기까지 하다.

　　초등학교 1학년인 자녀를 둔 어떤 학부모는 어느날 아이의 선생님으로부터 전화를 받았다. 주말에 시에서 개최하는 미술대회가 있는데, 한 반에 3명씩 보내게 되어 있어 댁의 아이를 추천하고자 하니 학교에 나와달라는 얘기였다. 아이의 엄마는 평상시에 자신의 아이가 그림에 뛰어난 재주를 가졌다고 생각한 적이 없었으므로 미술대회에 참가시키지 않겠다고 답했다. 하지만 그보다 더 한 이유는 학교에 아이의 담임선생님을 만나러 가는 것에 대한 부담감 때문이었다. 그런데 며칠 후, 아이의 엄마는 다른 반 아이의 엄마에게서 그 미술대회는 원하는 사람이면 모두 참석할 수 있는 대회라는 얘기를 들었다. 놀라운 일이 아닐 수 없다. 아이의 선생님은 반에서 선택된 세 명의 아이만이 미술대회에 참가할 수 있는 것처럼 꾸며 여러 엄마들에게 전화를 하고, 학교에 오도록 종용한 것이었다.

　　아이들은 아람단이라든가, 걸스카우트, 보이스카우트 등과 같이 유니폼을 입는 특별활동을 하고 싶어 한다. 그런데 가입할 수 있는 인원은 제한되어 있고, 반면 많은 아이들이 몰리다 보니 어떤 교사가 가입 자격을 성적순으로 하겠다고 아이들에게 이야기한 모양이다. 그러나 그런 특별활동 자격을 성적순으로 한다는 것은 정당치 않은 일이다. 바로 그러한 조처가 학교의 부정을, 선생님의 부정을, 학부모의 부정을 야기한다.

어떤 엄마는 자기 아이가 특별활동을 하고 싶어하지만, 성적순으로 한다면 탈락될 것이 뻔해 아이의 담임선생님과 의논을 해보았다. 그러자 아이의 담임은 거두절미하고 결론을 말해 주었다.

"엄마께서 뒷받침을 좀 해주시면 되지요."

결국 아이의 엄마는 촌지를 들고 학교를 방문하였고, 이후 아이는 그 활동에 참여할 수 있었다고 한다.

아이들이 몰리는 특별활동의 경우에는 아이들이 서로 의논하여 자발적으로 결정하도록 하든가, 아니면 가위 바위 보 등과 같은 가벼운 게임으로 결정짓는 것이 공정할 것이다. 무엇보다 아이들이 있는 자리에서 가입여부가 결정되므로, 아이들 스스로 공정하게 여길 것이다. 특별활동 가입 자격에 성적을 내세운다는 것은, 성적은 반 전체 학생들에게 공개되어 있지 않으므로, 그 자체가 의도적으로 어떤 뒷거래를 유발시키는 것이다.

실제로 교사들이 학부모들에게 촌지를 요구하는 방법은 여러 가지다. 촌지를 가져오지 않은 아이에게 부당하게 매질을 한다든가, 나쁜 자리만 골라서 앉게 한다든가, 수업시간에 아무리 손을 들어도 발표할 기회를 주지 않는 등 갖은 방법을 써서 학부모가 자동적으로 촌지를 들고 학교를 방문토록 한다.

그런데 이러한 사례들에는 공통적인 특징이 있다. 그것은 모두 아이들을 볼모로 한다는 것이다. 부모의 입장에서 당장에 거절하고 싶은 일도 아이가 중간에 끼게 되면 상황은 달라진다. 결국 자기 자식이 다른 아이들에 비해 불이익을 당할지도 모른다는 생각에 부모들은 촌지를 들고 학교로 가게 되는 것이다. 사실 교사가 아이를 볼모로 학부모에게 돈을 요구하는 행위는 유괴범이 아이를 볼모로 돈을 요구하는 행위와 크게 차이나지 않는다. 단지 한쪽은 가면을 쓰고 요구하는 것이고, 다른 한쪽은 노골적으로 요구한다는 차이밖에 없는 것이다.

한편 촌지는 또 다른 촌지를 낳는다. 수년 전까지만 해도 사립학교에서는 교사 채용시 교사들에게 많은 돈, 다름아닌 뇌물을 요구하였다. 적게는 수천 만 원에서 많게는 수억 원에 이른다고 한다. 일단 돈을 바친 사람이 교사 자리를 차지하고 나면, 그 사람은 어떤 식으로든지 빠진 돈을 보충하려 할 것이고, 그것은 곧 먹이사슬을 형성하여 악순환을 거듭하게 된다. 사립학교의 이와 같은 병폐는 곳곳에 악영향을 끼치고, 악순환을 계속하여 한국의 교육환경을 황폐화시켜 왔다.

우리 나라의 현행 교육제도, 여건 등에는 개선의 여지가 많

다. 그러나 무엇보다 뇌물 또는 촌지의 관행이 없어지지 않는
다면, 다른 모든 노력들은 헛수고가 되고 말 것이다. 일단 뇌
물과 촌지 관행을 없애기만 한다면, 다른 문제들은 차치하고
라도 우리 나라 교육현장에서 성취한 가장 위대한 업적이 될
것이다.

우리 사회의 앞날을 위하여, 우리의 자녀를 위하여, 우리 자
신들을 위하여, 그리고 교사와 교육 담당자를 위하여 촌지나
뇌물은 기필코 이 땅에서 없어져야 한다. 그렇다면 뇌물의 근
절을 위한 노력은 어디에서부터 비롯되어야 할까? 앞에서도
말했듯이 뇌물 수수의 제1 책임자는 학부모이다. 교사와 학부
모간에 오가는 뇌물이란 원천적으로 학부모의 이기심으로부터
비롯되기 때문이다. 자기 자식이 다른 아이들과는 다르게 특
별한 대접을 받게 하고자 하는 학부모의 이기심이 그 본마음
인 것이다. 뇌물을 공급하는 대부분의 학부모들은 뇌물은 자
식이 볼모로 잡혀 있는 현실의 불가피한 선택이라고 변명하고
있다.

그러나 자기의 자녀가 다른 아이들과는 다른 대우를 받기를
포기한다면야, 다른 아이들보다 불이익을 받지는 않을 것이다.
또한 아무리 악랄한 교사라 할지라도 부모의 촌지가 없다는
이유만으로 특정학생에 대해 해를 끼치지는 않을 것이다. 내
자녀가 남의 자녀보다 선생님의 눈에 더 잘 들고, 학교성적도
남들보다 뛰어나고, 다른 아이들의 우위에 서는 것을 포기하
고, 공평함 속에서 자녀의 장기를 계발할 수 있도록 기대치를
낮춘다면 굳이 뇌물을 줄 이유가 없다.

학부모들도 이제는 단호하게 결심을 해야 될 때이다. 자식이래야 기껏 한두 명밖에 안 된다고 해서 유달리 훌륭하게 키우고 싶은 욕심이 든다 하더라도, 아니 오히려 그렇다면 실제 다른 부모들도 자신과 똑같은 마음이라는 것을 기억하여 과잉보호에서 벗어나야만 할 것이다. 반에서 반장 노릇을 못 한다 하더라도 아이가 사회인으로 훌륭하게 성장하는 데는 전혀 지장이 없는 것이다.

의외로 남의 눈에 잘 띄지 않는 소극적인 아이를 둔 어떤 한 엄마는 선생님께 어떤 인사나 봉투를 건네지 않았기 때문에 아이를 적극적인 성격으로 변화시킬 수 있었다고 한다.

엄마라고 생전 학교를 찾아오는 법이 없었던 그 아이는 담임선생님의 관심을 별로 끌지 못 하고 있었다. 공부시간에 아무리 손을 들어도 책 읽을 기회 한번 주어지지 않았다. 그러던 어느날, 아이는 담임선생님이 오후에 남아서 교실 정리하는 것을 도와줄 사람을 찾을 때에 얼른 손을 들었다고 한다. 다른 아이들은 그런 방과후의 봉사활동을 귀찮아 했을 뿐더러, 학원을 다니거나 과외를 하고 있어서 수업이 끝나면 도망가기에 바빴다. 그러나 봉사활동에 적극 참여하였던 그 아이는 이후 담임선생님에게 인정을 받게 되고, 공부시간에 책 읽을 기회도 얻었다. 결국 그 아이는 사회를 살아가는 지혜를 스스로 터득한 셈이었는데, 앞으로 어떠한 상황에서고 적극적으로 처신하여 자신을 드러내는 데 주저하지 않을 것이라 믿는다.

모든 부모들이 특히, 엄마들이 뇌물을 근절시키려는 노력을 하지 않는 한 학생들을 볼모로 뇌물을 요구하는 일부 교사들의 횡포는 막을 수가 없다. 한국의 영광된 앞날을 위해, 뇌물 없이도 아이들이 자기의 자질을 함양하여 마음껏 펼칠 수 있는 사회를 만들기 위해서는 엄마들의 바른 역할이 절실하다.

나의 자녀에게 뇌물의 힘을 보여주기를 포기하고, 수치감이 들 수밖에 없는 그 일을 용감히 자제할 줄 아는 부모가 되어야 한다. 결단코 우리 아이들에게 세상을 바르게 살아가는 모범적인 부모가 되어야 할 것이다. 학년초에 인사를 가장한 뇌물성 촌지를 가져갈 것이 아니라, 차라리 학년말에 선생님에 대한 조그마한 감사의 표시를 학생 스스로 표할 수 있도록 도와주자. 어디까지나 학생 수준에서 말이다.

어느 날인가 한 학부형이 말하는 우스갯소리를 들은 적이 있다. 학년초에 아이의 담임선생님에 대한 이상한 소문(?)이 돌고, 아이를 통해 그 소문을 들은 아이의 부모가 촌지를 마련하여 학교를 방문하게 된다고 한다. 결론적으로 학년초에 학부모의 잦은 방문을 받게 되는 교사는 학생들 사이에서 촌지를 무척 밝히는 교사라고 정평이 나 있는 교사이고, 학년말에 선물을 많이 받는 교사는 일년 내내 아이들의 사랑을 받았던 선생님이라는 소리인 것이다.

엄마들이여! 선생님으로 하여금 학년말에 학생들로부터 이별의 섭섭함을 적은 카드와 작은 선물을 많이 받는 떳떳한 교사가 되도록 도와줍시다!

6

편법, 위법, 불법

요즈음 미국비자 내기가 너무도 어렵다고들 한다. 뉴스에
보도된 미국대사관에 비자신청자들이 줄지어 서서 기다리는
모습은 처참하다 못해 치욕감을 느끼게 한다. 미국비자를 신
청한다는 것은 우리가 미국에 손님으로 간다는 것을 의미하는
데 손님에게 그처럼 함부로 대하는 나라에 꼭 가야만 하는 것
인지 참으로 한심하다.

특히 어린 학생들의 경우는 더욱 찬밥 대우를 받게 된다.
요즘에 해외여행은 일상화되었고, 방학 동안의 해외 가족여행
도 흔한 일이다. 그런데 온 가족이 함께 미국여행을 하고자
비자신청을 할 경우, 부모의 신원이 확실하여 부모의 비자가

나왔다 하더라도 아이들의 비자 발급은 무척 복잡하고 까다롭다. 겨우 3개월 유효한 비자를 주면서, 비자란에 "No School Intend"라고 써서 준다. 즉 다시 말해서 본 학생은 미국 학교에 입학할 수 없다는 내용이다.

더욱 참을 수 없는 것은 비자신청시 미대사관에서 비자발급에 필요한 제출서류라고 제시한 서류만을 준비해서는 신청은 커녕 오던 길로 되돌아가기 십상이라는 사실이다. 이것저것 그야말로 한 묶음의 서류뭉치를 다시 가져다 들이밀어야 한다. 제3국에서 미국 입국 비자신청을 할 경우에는 간단하게 비자신청서와 여권만 있으면 되는 데도 말이다.

그러나 우리가 미대사관으로부터 이러한 대우를 받는 데는 그만한 이유가 있다고 생각한다. 그 이유에는 여러 가지가 있겠지만, 가장 근본적인 이유는 우리 국민의 대다수가 발급받은 비자내용에 대한 약속을 지키지 않기 때문이다. 즉 무슨 수를 써서라도 일단 비자를 발급받아 미국에 가기만 하면, 비자 신청시 명시한 방문 목적과는 관계없는 은밀한 제2의 목적 달성을 위해 편법, 위법을 자행하기 때문이다.

중·고등학생의 조기유학이 한창 유행하고 있다. 원래 조기유학은 예체능계 학생들에게만 허용되는데, 따라서 예체능계가 아닌 중·고등학생의 유학은 불법이다. 그러나 학부모들은 자녀를 유학시키기 위해 온갖 편법을 쓴다.

돈은 있으나, 한국에서는 대학 입학이 어려울 정도로 성적이 부진한 자녀를 둔 부모들은 미리부터 자신의 아이가 대학에 갈 수 없으리라는 불안감으로 조기유학을 보낸다. 그 과정에서 자식의 앞날을 위하는 마음으로 성적 위조도 서슴지 않는 부모가 있음도 신문지상을 통해 볼 수 있다. 자식에게 인생의 목표가 대학입학이라고밖에는 가르칠 줄 모르는 좁디 좁은 소견을 가진 부모들은 자녀들에게 편법, 위법으로 목표를 달성하는 방법을 스스로 가르쳐주는 셈인 것이다.

내가 아는 어떤 학부모는 10여 년 전에 중학생 자식의 관광여권을 내고, 다시 미국행 비자를 받아 자식과 함께 미국으로 갔다. 그곳 학교에 자식을 입학시키려다 관광여권이라 곤란하다고 하니까, 한국영사관에 의뢰하여 여행 목적을 바꾸었다. 실제로 그것은 가능했는데, 여권의 용도를 바꾸는 과정에서 다름아닌 검은 돈이 작용했던 것이다. 설상가상 용도 변경이 어떻게 가능했느냐는 물음에 한국영사에게 돈을 좀 집어주니까 전혀 문제가 없더라는 이야기를 자식들 앞에서 공공연히 하는 것이었다.

"돈이면 안 되는 일이 없어요!"

자신만만하게 그런 이야기를 하는 아이의 엄마를 보면서 나는 "쿵!" 하고 가슴속에서 무엇인가 무너지는 소리를 들었다. 또한 그 뒷말이 가관이었다.

"어쩔 수 없잖아요? 한국의 교육은 주입식이라 창의성이 없으니 미국학교에 보낼 수밖에……."

나는 부모가 아무리 자녀를 좋은 학교에 보내고, 좋은 선생을 붙여줘도 부모가 평상시 아이들 앞에서 하는 언행 자체가 산교육이요, 매우 중요하다고 생각한다. 자식을 특정 대학에

입학시키기 위하여 시험지를 부정유출시킨다든지, 어느 교수
에게 레슨을 받고 뇌물을 주어 자녀를 예능계 대학에 입학시
킨다든지, 또는 조기유학을 보내기 위하여 온갖 위법과 편법
을 동원하는 태도는 결과적으로 아무리 아이가 똑똑하다 할지
라도 이 사회를 위법, 편법 나아가서는 불법으로 살아가는 방
법을 가르쳐 주는 것밖에 안 되는 것이다.

위법, 편법은 계속해서 위법, 편법을 만든다.

부모는 결코 자녀를 유학 보낸 것으로 끝내지 않는다. 장성
한 아들이 어느새 군에 갈 나이가 되면, 부모들은 또 한번 자
식을 군대에 보내지 않기 위하여 온갖 수단과 방법을 가리지
않는다.

나는 또 이런 경우도 보았다. 미국 영주권이 있으면 등록금
과 각종 융자금의 혜택도 받을 수 있는 이점을 이용, 아이의
영주권 취득을 위하여 부모가 분명 살아있고, 부모 노릇하는
데 아무런 문제가 없음에도 불구하고, 단순히 경제적·사회적
이익을 얻기 위하여 온갖 방법을 동원하여 영주권을 얻게 한
다.

그러나 일단 영주권을 얻게 된 아이가 대학에 다닐 나이가
되면, 이번에는 한국의 대학에 특례입학시킬 수 없을까 동분
서주한다. 이렇게 부모의 갖은 위법과 편법으로 키워진 아이
는 과연 어떤 생각을 하며 인생을 살아가게 될까? 정상적으로
한국인으로서의 긍지를 갖고, 올바른 준법정신을 가진 사회인
으로 살아갈 수 있을까?

언젠가 어려서 미국으로 유학을 가서 하버드 대학을 졸업하

고, 스탠포드 로스쿨(Law School)에 입학한 한국인 유학생 이야기를 대서특필한 기사를 본 적이 있다. 그러나 실제 우리 나라 학생이 서울대 법대와 스탠포드 로스쿨 중 어느 대학에 입학하는 것이 더 힘들까? 내 생각에는 스탠포드 로스쿨보다 서울대 법대가 더 어려울 것 같다.

부디 스탠포드 대학에 입학하였다는 그 조기 유학생은 편법을 써서 유학하지 않았기를 기대한다. 만일 편법을 써서 유학을 갔다면 로스쿨에서 배운 법이 그 학생에게 어떻게 쓰일까 자못 걱정되기 때문이다.

항간에 떠도는 말로는, 우리 나라에서 법에 관해 공부하고 그 계통의 고시에 합격하여 현직으로 일하는 사람일수록 준법보다는 편법을 연구하고, 정의보다는 불의를 꾀하는 지도층이 많다고 한다. 사실 우리는 소위 사회의 지도층인 장관이나 국회의원, 교수, 판사, 변호사 등과 같은 사람들이 뇌물, 부정사건에 연루되어 매스컴에 보도되는 것을 종종 본다.

국민의 대변인으로서 국민투표에 의해 선출되는 국회의원은 입법부에 속하므로 국민의 복지를 위하여 법을 제정하게 된다. 그런데 어떤 국회의원에게선 분명히 그가 선출된 지역과 관계없는 곳의, 그 지역주민이 아니면 살 수 없는 농지를 매입한 사실을 재산공개 등을 통해 볼 수 있다. 주민등록을 옮겨 편법으로 농지를 매입한 것이 확연한 이 사실에서, 그 국회의원이 국회에서 한 일은 무엇이었겠는가? 과연 국민의 복지를 위한 공정한 법을 제정할 수 있었을까? 자기의 이권을 합리화시키려는 의도로 국회에 나온 것은 아닐까? 자신의 이권을 위하여 편법을 서슴지 않는 위정자의 손에 결코 우리 나라를 맡길 수는 없다. 국회위원이라면 최소한 준법정신만은 투철해야 하지 않을까.

매년 연말이 되면 동회에서 주민등록상의 거주자와 실지 거주자를 조사하려고 나온다. 그 이유는 자식을 좋은 학군의 학교에 배정받게 하고자, 실지로는 살고 있지 않은 곳에 주민등록을 올려놓는 경우가 왕왕 있기 때문이다. 실지 거주지가 아닌 학교에 다니는 아이들은 부모의 편법을 모를 리 없고, 친구들과의 관계에서도 소외감을 갖게 된다.

특히 요즈음에는 전원주택으로 이사하는 것이 유행하고 있는데, 초등학생의 경우 전원주택으로 이사를 가면, 마땅히 그 지역의 학교에 전학을 가야 한다. 그러나 대부분의 학부모가 자녀들을 서울에서 다니던 학교에 계속 보내고 있다. 이 경우 대개의 자녀들이 학교를 가고 오는데 1~2시간씩 걸리곤 한다. 아이들은 동네 친구들을 사귈 기회도 없을 뿐 아니라, 그것이 정당치 않다는 것을 알면서도 부모의 요령껏 세상을 살아가는 편법을 배우게 된다.

또 이런 경우도 있다. 부모의 잠깐의 잘못된 생각으로 아이에게 평생 두 개의 생일을 갖게 하는 것이다. 우리 나라의 초등학교 입학은 3월 1일을 기해서 만 6세가 된 아동에게 허용된다. 그런데 부모가 자녀를 학교에 빨리 보내고자 하는 욕심에서, 특히 3월생 자녀들을 둔 부모들이 그들의 출생신고를 사실과 다르게 하는 경우가 있다.

부모라면 적어도 30년 이상 인생을 살아본 사람들이다. 그렇다면 1년 빨리 학교에 가는 것이 인생에 그다지 도움이 안 된다는 것을 깨달았을 나이임에도 불구하고, 아이들에게 실제와 다른 생일을 갖게 하는데 주저하지 않는다. 주민등록증의 앞의 번호는 생년월일로 시작되는데, 그 아이들이 실제의 생년월일과 다른 주민등록증을 갖게 되면서 어떤 생각을 하게 될까? 식료품 가공업자들이 식품의 제조일자를 제 날짜보다 늦추어 인쇄하여 시장에 내보낸 후 단속반에 적발된 뉴스를 볼 때면, 자식의 출생일을 거짓 신고하는 부모를 연관지어 생각하게 된다.

자신의 이익을 위하여 편법, 위법을 자행하는 사람들은 사회를 혼란케 할 뿐 아니라 국가의 위상을 떨어뜨리고, 법을 잘 지키며 살아가는 대다수의 정직하고 선량한 사람들에게 피해를 입히게 된다. 어떤 편법을 써서라도 자신의 목적을 이루고자 하면, 반드시 그로 인하여 많은 피해자들이 생기게 된다는 것을 염두에 두어야 한다. 편법을 쓰지 않는 것이 우리 나라를 공정한 법과 원칙이 통하는 사회로 만드는 길이며, 국제적인 관계에서 신용받는 한국인이 되는 정도임을 명심해야 할 것이다.

월반제와 정신연령

유치아동이 있는 주부들을 상대로 명동 한복판에서 인터뷰를 하고 있는 장면이 TV에서 중계되고 있었다. 아나운서가 주부님들 가운데 자녀가 영재라고 생각하시는 분 계시냐고 질문을 하니까, 반 정도가 손을 들어 자신의 아이가 영재라고 응답하였다. 또한 자신의 아이가 영재라고 생각하는 엄마들의 대부분은 자신의 아이와 같이 특별난 아이를 가르칠 만한 학교나 시설이 없다고 불만을 이야기했다.

그런데 과연 영재가 그렇게 많은 비율로 존재할까? 유치아동을 위한 학습지, 비디오 테이프, 유치원, 유아원 등이 보편화된 요즈음에는 조기교육이 그리 어렵지 않다. 그래서 어떤 아이들은 아주 어려서부터 조기교육에 명석한 반응을 나타내기도 한다. 그러나 다른 아이들보다 한글을 빨리 읽고, 숫자에 능하다고 해서 영재로 볼 수는 없다. 국어사전에 의하면 '영재'란 탁월한 재주, 또는 그런 사람이라고 풀이되어 있다. 나는 여기에 하나 더, 독창성을 첨가해야 한다고 생각한다.

교육개혁위원회의 발표에 의하면 앞으로 월반제와 만 5세 어린이의 초등학교 입학을 허용할 방침이라고 한다. 이어서 각 매스컴에서는 초등학교 입학을 위한 과외가 과열로 치닫지 않을까라는 우려를 나타냈다.

지나치게 많은 엄마들이 자신의 아이를 영재라고 생각하고 있는 점, 1년 일찍 초등학교에 입학시키는 문제, 그리고 월반제는 아이의 장래를 위해 정말 진지하게 생각하지 않으면 안될 일이다.

내 경험에 비추어 이 문제들을 생각해 보기로 하자.

내 동생은 1963년에 초등학교에 입학하였다. 지금이야 취학전 아동이 한글을 읽거나 쓰는 것을 당연하게 여기지만, 지금으로부터 33년 전인 당시만 해도 한글을 알고서 학교에 입학하는 아이들이 드물었다. 그러나 동생은 어려서 이미 누나가 숙제하는 공책을 보며 혼자서 한글을 익혔고, 신문을 통해 한자를 익혔다. 취학전엔 이미 한글을 읽고 쓸 수 있었을 뿐만 아니라, 운율에 맞추어 시조도 짓고, 일기도 쓰고, 가족노래도 작곡할 정도였다.

초등학교 입학후 동생은 2등과는 현저한 점수차로 1등을 놓

치는 법이 없었고 전교생, 교사들, 학교장, 심지어 다른 학부
모들까지 동생의 이름을 모르는 사람이 없을 정도로 두각을
나타냈다. 5학년이 되자 몇몇 교사들이 동생에게 1년 일찍 중
학교 시험을 보는 것이 어떻겠느냐고 제의했고, 우리 부모님
은 이를 받아들였다.

　월반제도가 따로 없었던 당시, 동생은 5~6학년 공부를 동
시에 하면서 초등학교 졸업 인정에 준하는 검정고시를 치루어
거뜬히 합격했고, 이어 경기중학교에 원서를 냈다. 경기중학교
는 입학시험에서 1개 반 이내로 틀려야 입학이 가능했는데,
필기시험은 각 문제당 1점씩이었고 체력장이 4.0 만점이었다.
그렇다면 우선적으로 체력장에서 만점을 맞지 않으면 안 되었
다. 그러나 6학년 아이들의 체력을 기준으로 치루어진 체력장
은 5학년인 동생에게는 역부족이었다. 최선을 다했어도 4.0만
점에 2.8 정도의 점수밖에는 얻을 수 없었다. 결국 구멍난 점
수는 필기시험에서 메꾸어야 했다. 1점의 착오라도 있으면 합
격할 수 없는 상황이었다.

　그런데 동생은 국어시험에서 아주 쉬운 문제를 너무 어처구
니 없이 하나 틀려버렸다. 문제는 이런 내용이었다. 엄마가 잘
못을 저지른 아이에게 야단을 치며 때리는 내용이 실린 본문
을 읽고 "엄마가 왜 아이를 때렸겠는가?" 하는 질문에 답하는
문제였는데, 보기로는 ① 자식을 잘 가르치기 위해서, ② 자식
을 때리고 싶어서, ③ 자식이 미워서 등이 제시되었다. 동생은
③번 정답을 썼는데, 물론 정답은 ①번 자식을 잘 가르치기
위해서였다.

실로 어처구니 없었고, 모두들 의아해 했다.

'왜 이 아이는 ③번이 정답이라고 생각했을까?'

문제는 바로 동생이 아직 유아적 발상을 극복하지 못한 데 있었다. ③번 자식이 미워서 때린다는 대답은 무엇이 옳은 일인지를 판단할 수 없는 어린애가 자기를 때리는 엄마에게 가질 수 있는 아주 단순한 생각이다. 대부분의 유치아동들은 엄마가 자신을 때리는 이유, 즉 자기가 매 맞는 이유를 모른다고 한다. 초등학교 5학년의 어린이가 특히, 모든 학과목에서 탁월하고 암기, 수리에서 거의 완벽하다고 할 정도의 수준인 동생이 정서적인 내용을 묻는 아주 기초적인 질문에 있어서는 유아적 대답을 한 것이다.

나의 아버지는 33살의 노총각으로 결혼하여 첫아이로 나를 낳으셨다. 다른 사람보다 늦은 출산으로 첫아이가 빨리 학교에 가는 것이 보고 싶었던 아버지는 내 나이 7살(만 5살)에 나를 초등학교에 입학시키셨다. 당시에는 입학연령이 그리 엄격하지 않았고, 비록 초등학교 입학이 4월일지라도 2개월 정도는 별 지장이 없으리라는 부모님의 판단하에 6월생인 나는 학교에 다닐 수 있었다.

성적은 좋았었다. 그러나 중학교, 고등학교 시절의 사춘기를 지나는 동안 나는 또래의 아이들과 나 자신의 정신 세계에는 어떤 차이가 있다는 것을 느낄 수 있었다. 다시 말하면 친구들의 정신연령이 대체로 나보다 높았던 탓에, 그들과의 대화에서 나는 어떤 한계를 느끼곤 하였다.

　물론 나이와 정신연령이 꼭 일치한다고는 말할 수 없다. 나이가 어려도 정신연령이 제 또래들보다 높을 수도 있고, 나이가 많아도 정신연령이 낮을 수도 있다.

　나는 월반제도가 잘 되어 있는 나라에서 월반을 하여 공부하는 아이들을 많이 보았다. 거기에서도 특히, 한국엄마들은 아이들을 월반시키는 것을 자랑스럽게 여긴다. 그런데 이상하게도 월반을 한 대부분의 아이들은 중·고등학교를 거쳐 대학에 진학하는 동안 많은 좌절을 겪는다. 대학에서 전공을 선택하지 못해 이 대학 저 대학으로 전공을 옮겨 다닌다든가, 심지어 도중에 학업을 포기하는 경우도 보았다.

　월반은 보통 저학년 때에 하는 것이 쉬운데, 저학년 때에는 지식을 받아들이는 데 별 어려움을 겪지 않지만, 차츰 성장함에 따라 정신영역과 지식이 함께 필요한 문학같은 분야에서는 곧잘 어려움을 겪곤 한다. 결코 아이의 지식 정도를 가지고서, 섣불리 조기입학이나 월반을 결정할 일이 아님을 이야기하고 싶다.

　그리고 또 한 가지! 인생을 장거리 마라톤에 비유한다면 1～2년 빨리 진학하는 것은 인생에 별 의미도 없을 뿐 아니라, 학문을 익히며 인생을 즐길 시간과 여유를 잃게 되고 만다. 또 원만한 친구 관계를 유지한다는 것도 어렵게 된다.

　자칫 부모의 허영과 오판으로 아이의 일생이 잘못될 수 있다는 것을 염두에 두고, 정신적으로도 아이가 또래들보다 월등하게 뛰어날 때에만 조기교육이나 월반을 신중히 결정할 일이다.

8

우리 나라는 왜 나누어졌어요?

　나는 1959년도에 초등학교에 입학하여 4·19와 5·16을 초등학교 저학년 때에 겪었다. 그 시절 초등학교 때 배웠던 내용들을 간추려 보면 대략 세 가지 표어로 말할 수 있다.

　"공산당이 싫어요!"

　"국산품을 애용하자!"

　"아들 딸 구별말고 둘만 낳아 잘 기르자!"

　오랜 세월이 지나 어른이 된 지금까지도 이 세 가지 중에서 어느 한 가지도 달리 생각을 할 수 없을 정도로, 어려서 세뇌교육을 철저히 받은 것 같다. 그래서 아이도 둘만 낳았고, 외제보다는 국산품을 선호하고 있다. 특히 어린 시절의 반공교육은 교과서를 통하여 북한주민들의 비참함과 공산당의 악랄함을 전하는 데 일관했었는데, 어린 생각에도 무자비한 공산당 때문에 고통받는 북한주민들에게 막연하나마 동정심을 가지곤 했다. 또한 공산당은 괴뢰군, 아주 극악한 사람이라고 배울 때마다, 같은 핏줄인 동족끼리 세상에 둘도 없는 원수처럼 매도해도 되는 것인지 자못 거부감을 가졌던 기억도 있다.

물론 6·25가 북한 공산주의자들에 의해 발발하였고, 그 전쟁은 동족간에 피비린내 나는 비극이었으며, 그로 인해 현재까지도 남북이 서로 총칼을 겨누고 있는 원수지간이 되었다는 것은 자명한 사실이다. 그래서 여지껏 우리 나라는 안보상 북한을 제일 큰 적으로 단정하고 있는 것이다.

그런데 국내에 살고 있는 요즈음의 아이들은 과연 북한의 존재에 대해 어떻게 생각하고 있을까? 내가 학교 다닐 때에는 교과서에 북한을 비난하는 내용과 반공교육에 대한 내용이 많이 실렸었는데, 요즈음 아이들 교과서를 보면 그런 내용들은 거의 수록되어 있지 않다.

아이들이 자라면서 역사를 배우기 시작하면 6·25가 일어나게 된 배경과, 휴전으로 인한 현재 우리 나라의 분단상황에 대해 배우게 되겠지만, 저학년의 경우에는 북한의 존재에 대해 거의 인식조차 못 하고 있는 것 같다. 다만 북한은 북쪽에 있는 한국 정도로 생각하며, 같은 언어를 쓰는 같은 민족이었다는 생각은 하지 못 하고 있는 것 같다. 그래서 지금의 아이들에게는 우리 세대가 "우리의 소원은 통일"이라고 염원했던 것과 같은 통일에 대한 절실함이 없다.

그런데 국외에서 자라는 한국아이들은 우리 나라의 분단상황을 국내에서 자라는 아이들보다 더 심각하게 받아들이고 있다. 내가 미국생활을 하고 있던 어느날, 미국 초등학교 1학년에 재학중인 한국아이 하나가 한국어와 한국문화를 가르치는 주말 한국학교에 와서 진지한 얼굴로 나에게 물었다. 나는 그때 한국학교에서 교사 겸 교무주임을 맡고 있었다.

"학교에서 선생님께서 그러시는데, 한국은 남과 북으로 나뉘어져 있대요. 그것이 사실인가요?"

"그렇단다."

"저는 지금까지 그 사실을 몰랐어요. 미국인 선생님께서 그 이야기를 하실 때 무척 창피했어요. 왜 나누어지게 되었어요? 그럼 하나는 될 수 없는 건가요?"

그 아이에게 정치적인 상황을 아무리 설명해 봐야 모를 것이었다. 순간 나는 고민에 빠졌다.

'이 아이에게 어떻게 하면 남북 분단의 내용을 이해하기 쉽고, 다른 나라 아이들과 함께 학교에서 생활하고 있을 때, 자신의 조국에 대해 수치심을 느끼지 않도록 설명해 줄 수 있을까?'

나는 어렸을 때 막연히 북한사람들에 대한 증오심만을 품게 했던 교과서 내용들을 떠올리며, 이 아이에게 북한을 무조건 우리의 원수로 여기게 하고 싶지는 않았다. 당시 한국에서 구입하여 한국학교의 교재로 사용하던 초등학교 교과서에는 반공에 대한 내용들이 우리가 어렸을 때 배웠던 그대로 실려 있었는데, 나는 교사들에게 북한에 대한 내용이 있는 단원들은 수업하지 못 하게 하였다. 왜냐하면 반드시 통일이 되리라는 확신을 가지고 국제사회에 살고 있는 우리 교포 2세들에게 또 다른 한국에 대한 편견들로 가득찬 내용들을 접하게 하고 싶지가 않아서였다. 다행히 얼마뒤 새로이 편찬된 교과서에는 북한에 대한 막연한 증오심을 유발시키는 내용들이 모두 없어져 버렸다. 역시 내 생각이 옳았던 것이다.

하여튼 당시 나는 아이의 물음에 최대한 쉽게 설명하고자 노력했다.

"만약 여기에 빵이 한 덩어리가 있는데, 너는 잼을 발라 먹기를 원하고, 나는 버터를 발라 먹고 싶어 한다면 어떻게 해야 할까?"

"그건 쉽죠. 빵을 반으로 나누어 각자 원하는 것을 발라 먹으면 되지요."

"그래, 바로 그렇게 하면 되겠지? 그래서 한국이 남과 북으로 나뉘게 된 거야. 서로 생각이 달라서……."

"싫어요! 그래서 나뉘어져야 한다면 제가 양보할래요! 선생님과 같은 것으로 발라 먹을래요!"

"그래, 언젠가 둘중 어느 한 쪽이 생각을 양보한다면, 그땐 하나가 될 거야."

설명을 하는 동안 나는 아이가 더 이상 한국이 둘로 나뉘어진 것에 대해 창피하게 생각지 말았으면 하고 바랬다. 우리가 우리 민족을 원수로 생각하면 그것은 곧 우리 자신들의 수치가 되지만, 생각이 달라서 각각 그 생각들을 존중하기 위해,

생각이 같아질 때까지 갈라져 있을 뿐이라고 한다면, 국제화 시대의 우리 아이들이 남북 분단에 대해 조금도 수치스럽게 여기지 않게 되리라 생각했다.

외국에서 살고 있는 어린이들에 비해 국내에 살고 있는 어린이들은 남북한 분단 상황에 대해 그리 심각하게 생각하지 않는 것 같다. 국내의 어린이들은 남북한 분단에 대해 어려서부터 보고 들은 사실에 익숙해져서, 어떤 특별한 문제의식을 가지고 있지 않기 때문일지도 모르겠다. 그러나 우리 나라의 통일은 당위적이고 필연적인 사실이다. 그러므로 우리의 아이들이 통일 조국에서, 북한 사람들과 더불어 살아가는 미래에 일어날 문제들을 지혜롭게 해결할 수 있도록, 분단의 현실과 상대편의 상황에 대한 교육이 필요할 것이다.

그런 면에서 현재 국정 교과서의 한국의 분단 상황과 북한의 실정을 설명하는 단원은 옛날 우리 세대에 비해 상당히 객관적으로 기술되어 있고, 또 바람직하다고 생각된다. 그러나 아직도 피상적이고 관념적인 내용이 대부분이다. 남북한의 차이점을 좀더 구체적으로 명시하여 통일이 되었을 때, 당장 눈앞에 닥칠 난관을 극복할 방법들을 아이들이 사고할 수 있도록 보완하여 교육한다면 더욱 바람직할 것이다.

9

용감한 엄마의 한 마디 "아니오!"

  간혹 이렇게 하면 안 되는데 하면서도 "아니오!"라고 말할 용기가 없거나, 차마 거절을 못 하여 자신의 뜻과는 상관없이 말하거나 행동할 때가 있다.

  부모는 다음 세대의 주인이 될 아이들에게 지대한 영향을 주는 제1인자라는 사실을 자각하는 것이 중요하다. 특히 일반적으로 아이들과 함께 있는 시간이 많은 엄마라는 존재는 아이들에게는 더욱 산교육의 실체가 되는 것이다.

  우리 사회가 올바른 방향으로 전진해 가기 위해서는, 우리의 후손들이 편안한 환경에서 살 수 있는 여건 조성이 선행되어야 한다. 또한 그러기 위해서는 엄마들의 굳은 각오가 필요하다고 생각한다. 우리가 살고 있는 나라와 지역사회에 의롭지 않은 일이라 생각되면 과감히 "아니오!"라고 말할 수 있고, 법과 원칙에 따르는 용기가 필요하다. 내가 조금 불편하고 손해보는 듯 하여도 사회악이 만연하는 오늘날의 우리 사회를 순화하기 위해 노력하는 것이 우리의 할 일인 것이다.

"○○에 좋은 땅이 있는데, 곧 개발계획도 있고 하니 사두시면 좋은 투자가 될 것입니다. …… 개발이 되면 값이 몇 배나 뛰게 되니 사두시지 않으시겠습니까?"

집에 있다가 보면 이런 유혹의 전화를 종종 받게 된다. 한편으로는 솔깃한 얘기라서, 간혹 마음이 흔들릴 때도 있다.

그러나 명백한 것은 우리 나라의 부동산은 투자의 대상이 아니고 업자들과 돈 있는 사람들의 투기의 대상이며, 그로 인해 자연 생산력이 뒤떨어질 뿐 아니라 국제경쟁력에서도 매우 불리한 입장이라는 사실이다. 또 모든 물가 상승의 원인이 비싼 임대료에 있다고 해도 과언이 아니다. 이제는 땅투기를 종용하는 어떠한 유혹에도 용감하고 과감하게 말할 수 있어야 한다.

"아니오! 땅 투기로는 돈을 벌지 않겠습니다."

다름아닌 바로 내 아이들의 밝은 미래를 위하여!

중·고등학교에 다니는 학생이 있는 집이라면 으레히 입시학원에서 전화가 걸려온다.

"○○입시전문학원인데, 요즈음 학교수업만 들어가지고는

대학에 갈 수 없습니다. 저희 학원에 자녀를 보내주시면 확실하게 대학에 입학시킬 수 있습니다.”

교육 대개혁안이 발표된 이후로 본고사를 치루는 대학이 점차 줄어들자, 논술고사와 수능시험을 빌미로 학원간에 학생 유치작전이 치열하다. 학원으로 하여금 학교교육으로는 대학에 갈 수 없다고 학부모에게 협박할 소지를 제공한 우리 나라 대학입시정책과 학교수업이 무시되는 우리의 학교교육에 분노를 느끼지 않을 수 없다.

당연코 나는 우리 부모들이 학교수업을 무시하는 학원에 현혹되어서는 안 된다고 생각한다. 학교수업을 성실히 이끌어가고 있는 교사들의 노력을 의심해서는 안 될 것이다.

오히려 이렇게 말할 수 있어야 할 것이다.

“저는 학교수업을 무시하고, 학원수업이 대입합격의 유일한 지름길이라는 말에 찬성할 수 없습니다. 학원보다는 학교 선생님을 믿고 학교수업에 충실하는 것이 가장 바람직하고 빠른 길이라고 생각하기 때문에, 우리 아이를 학원에 보내지 않겠습니다.”

하루빨리 모든 엄마들의 용기로 학교수업이 정상화되도록 해야 한다. 우리가 내는 교육세가 한 푼 낭비됨이 없이 우리의 자녀에게 되돌아와야 하는 것이다.

다음은 흔히 있는 이야기일 것이다.

뇌물을 받는 교통순경을 비난하면서도, 순경에게 벌금 대신 뇌물을 주는 자신에 대하여는 정당화시킨다. 좌회전하면 안 되는 곳에서 죄회전을 하여 교통순경에게 걸렸을 경우, 교통순경에게 자신의 잘못을 시인하고 벌금통지서를 받아 벌금을 납부하는 것이 잘못에 대한 정당한 대가일 것이다. 그러나 현실적으로 교통순경에게 만 원쯤 쥐어주고는, 그것으로 벌금통지서를 대신하는 사람들이 대부분이다. 그러면서 우리 사회가 뇌물없는, 부정없는, 비리없는 사회가 되기를 바라는 것은 도둑심보이다. 이제부터라도 시시때때로 슬그머니 고개를 드는 자신의 부정한 마음에 "아니오!"라고 분명한 입장을 밝히자. 잘못을 하였으면 몇만 원의 차이로 자신의 양심을 팔지 말고 정당한 대가를 치르는 것이 진정 우리 사회를 정의로운 사회로 만드는 데 동참하는 길인 것이다.

아파트도 투기의 대상이다. 입주하기 위하여 아파트를 분양받기보다는 처음부터 돈을 붙여 전매하기 위하여 아파트를 분양받는 경우가 많다고 한다. 법적으로는 일체의 전매를 막고 있으나, 변호사를 끌어들여 위법을 합법화시켜 전매한다. 전매가 성행하게 된다면 내집 마련을 위하여 한 푼 두 푼 모은 성실한 가정이 많은 손해를 입게 되고, 경제질서가 교란에 빠지기 쉽다.

무엇보다 나라에서 하지 말라는 것은 하지 말고, 부동산 업자들의 농간에 일확천금을 꿈꾸는 요행을 버리는 것이 우리 나라를 윤리적으로 깨끗하고, 물가도 안정된 살기 좋은 나라로 만드는 첩경임을 잊어서는 안 될 것이다. 이제 우리 자신들이 기꺼이 그 몫을 맡아 솔선수범해야 되지 않을까?

　　부동산 투기근절, 학교수업의 정상화, 교통질서확립 등 이
세 가지가 우리 나라에 정착되기 위해서는 엄마들의 “아니
오!”라는 용기있는 대답이 필요하다. 모든 엄마들이여! 모두
한번 힘차게 외쳐봅시다.
　　“아니오!”

제2장

♠

엄마가 선생님들에게 하고 싶은 이야기

평생을 함께 하는 작은 사건

중학교에 다닐 때의 일이다.

당시 그 선생님의 이름은 잊었지만, 선생님의 얼굴과 그 사건만은 그날 이후로 내 기억 속에서 잊혀지지 않고 나를 따라다닌다. 아마 평생을 그럴 것 같다. 이 글을 쓰는 동안 선생님의 이름을 알고 싶어 앨범을 꺼내 찾아 보지만, 졸업할 때엔 이미 전근을 가셨던지, 내 졸업앨범엔 선생님의 사진이 없다. 아쉬운 마음에 비록 전근을 가셨더라도 졸업하기까지 우리에게 배움을 주셨던 모든 선생님들의 사진을 졸업앨범 속에 넣었으면 좋겠다고 생각해본다.

다시 처음부터 이야기를 시작하자면, 그 선생님과의 그날 일은 30년이 지난 지금에도 순간순간 생생히 기억된다. 정작 그 선생님과는 말 한 마디 건네어 본 적이 없었음에도 불구하고, 그토록 오랜 시간 동안 내 기억 속에 머물러 있을 수 있다니, 놀라운 일이 아닐 수 없다. 그만큼 내게는 특별하고도 의미있는 사건이었던 것이다. 물론 그 선생님도 그 사건의 결과가 이렇게 한 제자의 평생에 지대한 영향을 끼쳤으리라고는 짐작하시지 못 하리라.

그 선생님의 지도 과목은 체육이었다. 체격이 별로 크지 못한 나는 운동에는 흥미가 없었다. 더군다나 그때는 중학교입시, 고등학교입시, 대학교입시 등 입시천국(?)이었던지라 체력 향상을 위하여 일부러 시간을 내어 운동을 한다는 것은 생각지도 못 할 일이었다. 오로지 공부, 공부뿐이었다. 지금 생각해도 어리석기 짝이 없던 나의 어린 시절이요, 우리의 현실이었다.

운동도 못 하고, 흥미도 없고, 게다가 체육선생님은 어찌나 호랑이선생님이셨던지 수업시간에 목소리만 들어도 간담이 서늘해질 정도였다.

"우향우! 좌향좌! 헤쳐! 모여!"

체육시간 내내 군인 훈련시키듯 반복의 연속이었다. 게다가 한두 명만 잘못해도 운동장 몇 바퀴 돌기는 예사였고, 선착순 달리기에서 3등 이하 낙오자는 계속 뛰어야만 하는 등, 정말 지긋지긋한 체육시간이었다. 숫제 그것은 체육시간이 아니라 군사훈련이었다. 아무튼 나는 체육시간과 체육선생님이 싫어

체육수업이 있는 날이면 언제나 비가 오기를 고대하곤 했었다. 체육선생님과는 눈만 마주쳐도 야단을 맞을 것 같아서, 마주치지 않기 위해 슬슬 피해 다녔다.

그러던 어느날이었다. 당시 내가 다니던 중학교에는 실외수영장이 있었는데, 운동장의 한쪽 언덕에 조금 외지게 있었기 때문에 여름이 가까와질 무렵에는 매미소리를 들으며 친구들과 환담을 나누거나, 휴식을 취하거나, 독서를 하기에 안성맞춤이었다.

그날 나는 몇몇 친구들과 방과후 실외수영장엘 갔다. 벌써 많은 아이들이 친구들과 이야기하기 위해, 혹은 책을 보기 위해 와 있었다.

그런데 수영장의 이용에는 한 가지 규칙이 있었다. 수영장에 들어가는 것은 자유였지만, 반드시 신발을 벗고 들어가야 했다. 대부분의 사람들이 자기가 해야 할 일을 하기전에 남의 눈치를 보듯, 나는 우선 수영장 안의 아이들을 보았다. 신발을 벗고 있나, 아니면 신고 있나 해서…….

대부분의 아이들이 신발을 신은 채 수영장에 들어가 있었다. 나는 마음속으로 생각했다.

'그래, 감시하는 사람도 없고, 많은 아이들이 신발을 신고 있으니, 나도 그냥 들어가자!'

무엇보다 신발을 벗는다는 것이 귀찮았고, 다른 아이들이 하지 않는 일을 굳이 내가 하는 것도 별난 일처럼 여겨졌다. 그래서 나는 더 이상 아무런 갈등없이 신발을 신은 채 수영장 안으로 들어갔다.

수영장 안에는 신을 벗지 않은 아이들이 압도적으로 많았지만, 분명히 벗은 아이들도 몇 명 있었다. 결국 나는 규칙을 어긴 다수의 아이들을 나 편한 대로 인정하고 있었던 것이다. 그리고 나 자신이 그 다수에 묻혀 버리려고 했던 것이다.

그렇게 한참을 친구와 이야기하며, 책을 보며 매우 달콤한 시간을 즐기고 있는데, 갑자기 큰 동요가 느껴졌다. 누군가 재빨리 신고 있던 신을 벗어 손에 들었고, 그 동작은 순식간에 옆에서 옆으로 전해져 신발을 신고 있던 나를 포함한 모든 아이들이 일제히 신발을 손에 든 채 시선을 한 곳으로 모았다. 거기엔 말할 것도 없이 무서운 호랑이 체육선생님이 떡 버티고 계셨다.

순간 적막이 감돌았고, 분위기는 긴장되었다.

체육선생님이 특유의 무서운 표정을 지으며 말씀하셨다.

"너희들 중에 처음부터 신을 벗고 있었던 학생들은 이쪽에 한 줄로 서고, 신을 신고 있다가 내가 오니까 벗은 학생은 저쪽에 한 줄로 서라."

그랬다. 그곳의 학생들은 두 가지로 분류할 수 있었다. 그 하나는 규칙을 지킨 학생이요, 다른 하나는 규칙을 어기고 있다가 선생님이 나타나자 규칙을 지킨 척 가장한 학생이었다. 물론 적은 수의 학생이 전자에 속하였고, 많은 학생이 후자에 속하였다. 그러나 두 편으로 갈라선 아이들의 수는 사실과 정반대로 나타났다. 불과 3명의 학생만이 스스로 규칙을 어겼다고 인정하는 줄에 섰고, 대부분의 학생들은 자신의 결백을 주장하는 줄에 섰다. 나 자신도 그 대부분의 학생들 중에 끼였다. 무엇보다 선생님께 벌을 받는 것이 두렵고 무서웠다. 너무 두렵고 무서운 나머지, 얼른 그 줄에 뒤따라 섰던 것이다.

떨리는 마음으로 선생님의 다음 말씀을 기다렸다. 사실 이런 경우라면 십중팔구 벌을 받아야 할 아이들은 나를 비롯해, 처음엔 신을 신고 있다가 선생님이 나타나자 신을 벗은 아이들일 것이었다. 그러나 나는 속으로 생각했다.

'선생님께서는 나와 같은 줄에 서 있는 아이들 중에서 거짓말을 한 아이들을 가려낼 수 있을까?'

나는 그럴 수 없을 것 같았다. 처음부터 신발을 벗고 있었던 아이들은 다소 억울하겠지만, 성실한 아이들 덕분에 슬쩍 죄를 면할 수 있을 것만 같았다.

드디어 선생님께서 규칙을 어겼다고 솔직히 인정하고 서 있는 아이들 줄에 가서서 먼저 말씀하셨다.

"너희들은 비록 규칙은 어겼지만, 자기의 잘못을 인정하는 참으로 용기있는 학생들이다. 자기의 잘못에 대하여 달게 처벌을 받을 자세를 갖는다는 것은 용기있는 자만이 취할 수 있는 행동이다. 따라서 너희들에게는 벌을 주지 않을 테니, 이후로는 규칙을 꼭 지키도록 하여라!"

그때 그 아이들을 쳐다보는 선생님의 눈빛은 아주 부드러웠고 연신 얼굴에 미소를 띠우고 계셨다.

나는 초조해지기 시작했다. 솔직하지 못 했던 내 행동을 후회하기 시작했다. 그리고 선생님께서 나를 속속들이 꿰뚫어 보고 계신 것 같아 고개를 들 수가 없었다.

이윽고 선생님께서 내가 서 있는 줄에 오셔서 말씀하셨다.

"너희들 중에는 정말 규칙을 지킨 사람이 있다. 그들은 훌륭한 사람들이다. 그러나 규칙을 어겼으면서 자신의 양심을 속인 사람들도 이중에는 있을 것이다. 내가 너희들의 양말을 일일이 보고 더러워진 정도를 조사하면 찾아낼 수 있겠지만, 나는 너희들의 양심을 믿고 싶다. 만에 하나 양심을 속이며, 이 줄에 서 있는 사람이 있다면, 다시는 그런 부끄러운 행동을 하지 말기 바란다."

그리고는 아무 처벌도 내리지 않고 우리들을 지나가셨다. 지금 생각해도 너무 부끄러운 일이었다. 그 사건으로 말미암아 나는 내 평생을 좌우하게 되는 귀한 세 가지 교훈을 갖게 되었다.

첫째, 정직하려면 용기가 필요하다는 것이다. 벌을 감수할 수 있는 용기, 자기의 잘못을 시인하는 용기 없이는 정직할 수 없다는 사실이다. 다시 말해서 정직하게 말하고, 행하는 것이 곧 용기있는 행동인 것이다. 정직하기 위해서 용기가 필요한 것같이, 용기있는 사람이 되기 위해서는 정직하여야 한다.

둘째는 규칙엄수에 대한 것이다. 규칙을 지키지 않았기 때문에 처벌을 받는 것이 두려워 거짓을 행하였고, 그 사실은 이루 형용할 수 없는 자기혐오와 부끄러움을 느끼게 했다. 분명코 규칙을 지키면 항상 떳떳하고, 비굴하지 않을 수 있다. 그때 그 사건으로 준법정신을 몸에 익히게 된 셈이다.

셋째로 배운 것은 용서의 힘이다. 만일 그때 선생님께서 우리를 용서하지 않고 처벌을 가하셨다면, 나는 응당한 잘못의 대가를 치루었다고 생각하고, 더 이상 그 사건에 대하여 생각하지 않았을 것이다. 그리고 그 체육선생님을 지금과 같이 존경하며, 기억하고 있지도 않을 것이다.

　어느덧 내 아이들이 그때 그 시절의 나만큼 자랐다. 무엇보다 나는 학교에 다니는 아이들은 선생님을 통하여 많은 것을 배우며, 선생님으로부터 인격형성에 중대한 영향을 받게 된다고 생각한다. 그렇다면 아이들이 자기 잘못에 대해 용서를 받고, 정직과 사랑을 배워서 성숙된 인격으로 성장하고, 결국엔 자기의 잘못에 대한 책임을 질 줄 아는, 잘못에 따르는 어떤 처벌도 감수하는 용기를 갖고 살아갈 건전한 인생관을 가진 사회인이 되도록 하는 교육은 바로 학교에서 이루어져야 하지 않을까?
　덧붙여 처음부터 규칙을 잘 지켜서 신을 벗고 있었던 친구들과 신을 벗고 있지 않았음을 정직하게 시인한 친구들이 이 사회 곳곳에서 그 빛을 발하고 있으리라 믿어 의심치 않는다.

존경하는 선생님

아이들이 존경하는 선생님은 어떤 선생님일까?

한 동네에 살며 친하게 지내고 있는 세 엄마들의 아들들이 공교롭게도 모두 같은 고등학교에 다니게 되었다. 세 엄마들이 가깝게 지내는 만큼 아이들도 서로 잘 지냈다. 특히 그중 두 아이는 같은 반이었고, 한 아이만 다른 반이었다. 이 세 아이들은 등교 때나 방과후 같이 다니면서 반에서 일어났던 일들을 서로 주고 받았다. 그런데, 발단은 같지만 그 결과가 서로 전혀 달랐던 사건이 있었다.

아이들이 다니는 고등학교는 남녀공학이었는데, 남학생반과 여학생반이 따로 편성되어 있을 뿐만 아니라, 건물 자체도 따로 떨어져 있어 분위기도 틀리고 학생들의 기질도 달랐다. 대개의 남녀공학이 그러하듯이 여선생님의 경우에 남학생반 수업을 힘들어 하는 경향이 있는데, 사건이란 어느 여선생님이 남학생반에 수업을 하러 들어가서 일어난 일이었다.

두 아이가 같은 반인 남학생반 수업시간에 여선생님이 수업을 하러 들어갔는데, 학생들이 너무 떠들어 도저히 수업 분위기를 잡을 수가 없었다고 한다. 그래서 여선생님은 수업은 시작도 못 한 채, 그 반 담임선생님에게 가서 그 사실을 이야기하였다.

전교에서 수문난 선생님—어떤 소문인지는 차마 여기에 쓸 수 없다. 아래의 글을 보고 짐작하길 바란다—이었던 그 담임은 곧장 교실로 쫓아 들어와서 단체로 아이들에게 기합을 주었다. 몽둥이로 어찌나 두들겨 팼던지, 엄마들 이야기로는 아이들이 의자에 제대로 앉지도 못 했다고 한다.

몸을 제대로 움직이지 못 하는 아이들을 보며 그 두 엄마들은 사흘을 잠 못 자고 가슴을 앓았다. 그 두 아이들은 학교생활에 무척 성실하여 개인적인 일로는 매 맞을 일이 없을 터였는데, 이런 경우에는 단체로 매를 맞으니 피할 수 없는 일이었다. 그러나 단체기합이라고는 해도 너무했다. 아이들의 몸에 든 피멍을 차마 볼 수가 없을 정도였다. 게다가 그 반 담임선생님은 사흘이 멀다하고 이 핑계 저 핑계로 단체기합을 주어 아이들의 몸이 성할 날이 없으니……

3일 밤을 고민하고 잠을 설친 엄마들은 학교에 가서 하소연이라도 하고 싶었지만, 아이들이 불이익을 당할까봐 그렇게는 못 하였다고 한다. 그런 성격의 소유자인 교사에게 자칫 아이들이 더 큰 상처를 받게 될까 염려해서였다. 사실 많은 엄마들이 이런 경우에 이렇게밖에 할 수 없으리라.

감히 선생님에게 학부모로서의 의견을 말하고 싶어도, 본의 아니게 선생님의 비위를 거슬려 자신의 아이가 부당한 대우를 받게 될까봐 행동으로 옮기지는 못 한다. 그리고 어쩔 수 없다고 체념하는 아이의 부모는 마음속으로나마 선생님 욕을 하게 된다.

"그 선생님은 정상이 아니야!"

이런 경우에 정작 아이에게 선생님을 존경하라는 이야기를 할 수 있을까? 비록 사건은 조용히 무마될 수 있겠지만, 결코 그 선생님이 학부모나 학생들에게 존경받지 못 할 것은 뻔한 일이다.

또 다른 한 반의 담임선생님에 대하여 이야기하고자 한다. 사건 진행은 위의 예와 비슷하다. 학생들에게 화를 내고 교실을 나가버린 그 여선생님은 그 길로 그 반 담임에게 고자질을 한 모양이었다(고자질이라고 표현하는 것이 극히 무례한 것인 줄은 알지만, 그 여선생님은 그런 표현을 들어서 마땅하다고 생각한다. 어떤 상황이 벌어지더라도 자신에게 할당된 수업시간만큼은 직접 책임을 지는 것이 교사의 의무이기 때문이다).

잠시 후 그 반 담임선생님이 혼자 자기 반 교실에 들어왔다. 그러나 그 선생님은 매를 들지 않았다. 대신 따뜻한 목소리로 아이들을 향해 이야기했다.

"여러분, 우리가 어떻게 하면 수업시간에 조용히 하며 수업을 잘 받을 수 있을까요? 각자 생각해 보고 자기 생각을 정리하여 글로 써서 제출해 주세요."

그러자 아이들은 편안한 마음으로 선생님의 제의에 적극 동참하였고, 학생들 스스로 좋은 수업 분위기를 만들고자 노력하였다고 한다. 이 사건을 엄마에게 전한 그 아이는 연신 생글거리며 말했다.

"우리 선생님은 멋져! 훌륭하신 분이야! 선생님들께서 전부 우리 담임선생님 같으면 좋겠어!"

그 말을 들은 아이의 엄마는 속으로 아이가 그런 선생님 반이 되어서 정말 행복하고 다행이라고 생각했다.

아무리 생각해도 단체기합이라는 것은 너무나도 전근대적이며 비교육적인 행위이다. 그런데도 아직 단체기합이라고 해서 아이들에게 매를 드는 교사가 있다니, 정말 무능하기 이를 데 없는 교사가 아닐 수 없다. 학교에서 더 이상 단체기합이라는 것이 있어서는 안 될 것이다.

평상시 학생이 어떤 한 선생님을 좋아하고 존경한다고 표현하는 데는 달리 이유가 있다. 결국 아무리 훌륭한 교육철학을 가진 교사라도, 학생을 가르치기에 앞서 자신의 인격이 우선되어야 존경받을 수 있는 것이다.

3

차별대우와 공평한 대우

모처럼 아침 식탁에 온 가족이 모여서 아침을 먹고 있었다. 평소 아침같으면 식사를 마치는 순서대로 뛰어나가기 일쑤여서, 온 가족이 모인 오랜만의 아침식사는 느긋하기까지 했다.

그런데 큰아이가 아침을 먹다가 갑자기 불평하였다.

"엄마는 나와 나리를 차별대우하며 키웠어요. 그거 알아요?"

나는 실제 두 아이를 다르게 키웠다. 그래서 큰아이의 입에서 나온 차별대우라는 말을 그대로 받아들이며 아이에게 대답했다.

"그래, 너와 네 동생은 다르게 키웠지. 왠지 알아? 너희 둘은 다른 인격체로 태어났고 개성도 다르기 때문이야. 그렇다면 각자의 개성을 인정해주며, 그 개성에 맞게 키우는 것이 공평한 것이 아닐까? 서로 성취도가 다른데 같은 결과를 요구한다면, 과연 모든 면에서 완벽하게 해낼 수 있는 사람이 얼마나 될까? 그리고 나는 너희들이 모든 면에서 완전하다고 생각해 본 적이 없어. 너와 네 동생은 비슷한 점보다는 아주 상반되는 점이 더 두드러지게 많으니까. 내가 너희들을 차별대우 한 것처럼 느끼는 것은 사실은 너희들 각자의 개성을 인정한 결과란다."

한 아이가 태어날 때, 이미 그 아이는 어느 정도 자신만의 본성을 갖고 태어난다. 그 예로 태교가 태아에게 미치는 영향이 크다고 믿고 있는 엄마에 의해 같은 태교를 받고, 같은 환경에서 태어난 형제라 하더라도 그 성격이나 능력이 제각각인 것은 흔히 볼 수 있다. 내 형제들만 살펴 보아도 개성이 판이할 뿐 아니라, 내가 실제 결혼을 하여 아들 하나 딸 하나를 키우는 동안에 그 두 아이가 전혀 다른 두 객체임을 절감한다.

첫째아이는 매사에 적극적이고 섬세하며, 지적인 수용능력도 빠르며, 사회과목과 예능에 관심이 많다. 그러나 둘째아이는 소극적이고 낙천적이며, 지적인 수용능력도 느리며, 과학에 관심이 많다. 그러니 같은 산수 공부를 도와주려고 해도 설명하는 방법이나 속도가 달라지게 된다. 심지어 큰아이와 작은 아이를 또래의 아이들과 비교했을 때, 성숙도에서도 차이가 남을 인정하지 않을 수 없다.

개성이 전혀 다른 두 아이를 같은 목표를 두고, 같은 척도로, 같은 방법으로 키운다면 문제가 생기는 것은 당연하다.

학교에서도 마찬가지이다. 한 반에 40~50명인 학생들이 모두 제각기 다른 능력과 개성을 갖고 있는데, 대개의 교사들은 시험점수로만 아이들을 평가하려 든다. 특히 아이들의 차이는 수업능력뿐만 아니라 예능방면에서 더더욱 현저하다. 그런데 우리네 교육은 아이들에게 모든 방면에서 잘 하도록 강요하고 있다.

아이들은 음악 필기시험과 실기를 잘 하기 위하여 피아노학원과 음악학원을 다녀야 하고, 미술점수를 잘 받기 위하여 미술학원을 다녀야 하고, 특히 서예도 평가의 한 부분이 되므로 서예학원도 다녀야 하는 등, 정말 바빠서 숨이 가쁠 지경이다.

학교교육은 왜 아이들이 하나같이 완벽하도록 강요하는가? 미술과 음악 시험지를 보면 정말 내 아이가 모든 과목에서 천재가 되지 않으면 안 되겠구나 하는 생각이 든다. 그러나 정작 아이들을 평가하는 선생님은 모든 면에서 완벽한가? 예능이란 한 아이의 특기에 해당되며, 흥미와 관계되는 과목이다. 그러므로 나는 기존의 예능에 대한 평가를 달리 해야 한다고 생각한다. 즉 얼마나 준비물을 착실히 가져왔는가, 얼마나 열심히 그 수업시간에 임하였는가 등으로…….

모든 학생들이 초등학교 때부터 중·고등학교 때까지 한 인간이 다방면에서 뛰어날 수 있게끔 하는 교육을 받았다면, 자라서 미술, 음악 등 모든 면에서 뛰어난 재능을 발휘하여야 할 텐데, 사실은 그렇지가 못하다. 결국 이론은 이론으로만 남고, 점수를 얻기 위해 학원을 전전하며 배웠던 것들은 고학년이 되면서 완전 물거품이 되고 만다. 중·고등학교에서의 예체능과목도 마찬가지이다. 예술교육은 학생 자신이 스스로 흥미로운 과목을 선택하여, 그야말로 자기 삶에 필요한 정서를 키우는데 도움을 주는 것이어야 할 것이다.

가령 체육시간은 사람이 살아가면서 필요한 건강을 뒷받침해주는 준비시간이라고 보겠다. "앞으로 나란히!", "좌향좌!", "우향우!" 등과 같은 한결같은 군사교육보다는 아이가 좋아하는 운동을 즐기거나 재능을 키울 수 있는 과목으로 발전하여야 할 것이다. 특히 체육시간이 벌을 받는 훈련시간이 되어서는 안 된다. 체육시간의 평가 또한 얼마나 성실히 수업에 임하였는가, 체육복은 제대로 준비해왔는가 등등을 평가의 기준으로 삼아야 할 것이다. 아무리 열심히 해도 타고난 체력으로 불가능한 경우도 많으니까 말이다.

학업능력이 탁월한 아이는 학업능력으로, 예능면에서 탁월한 아이는 예능으로, 운동능력이 탁월한 아이는 운동으로써 정당한 평가를 받을 수 있는 교육만이 모든 아이들을 그 타고난 각자의 능력대로 잘 조화하며 살 수 있게 하는 길이다.

내 친구중의 하나는 중국에서 몇 년 살다가 귀국하여 아이들을 초등학교에 입학시켰다. 친구는 아이들이 한국말 하는데도 별로 지장이 없고, 저학년이라 수업능력에도 과히 어려움이 없으리라 생각하여 한 학년을 아이의 담임선생님과 유대

관계없이 지냈다. 사실 학년초에 아이의 담임선생님을 찾아간
다는 것이 여간 부담스럽지 않았고, 그 경우 빈손으로 가면
안 된다는 주위의 말에 신경이 쓰여 아예 무시하고 그냥 한
학년을 보낸 것이다. 그러다가 친구는 학년말에 아이의 담임
선생님께 감사의 말도 전할 겸 학교를 방문하였다.

아이의 담임선생님을 만난 친구는 선생님으로부터 청천벽력
같은 소리를 듣게 되었다.

"모처럼 이렇게 방문해 주셨으니 아드님에 대해 칭찬을 해주
어야 할 텐데, 유감스럽게도 아드님은 한 가지도 칭찬해 줄
것이 없네요."

그 말을 들은 아이의 엄마는 가슴이 무너져 내리는 것 같았
다고 한다.

'정말 내 아이에게 장점이 한 가지도 없는 걸까?'

그러나 암만 생각해도 꼭 그런 것만은 아닌 것 같다고 했다.

나도 여러 개구쟁이 아이들을 대하여 보았지만, 아무리 장
난이 심하고 말썽을 잘 부린다고 해도 장점이 없는 아이는 하
나도 없다. 어느 한 가지씩이라도 장점을 꼭 갖고 있다. 그러
므로 바람직한 교사의 역할은 자신이 가르치고 있는 아이들의
단점보다는 장점을 우선적으로 찾아서 키워줄 수 있어야 한
다.

교사는 각 아이들의 장점과 재능이 있는 과목을 찾아 그 방
면에서 발전할 수 있도록 많은 권고와 격려를 해주면서, 서로
다른 개성을 가진 아이들에게 개별적으로, 공평한 대우를 해
주어야 할 것이다.

엄마, 나 학교 안 갈래!

"엄마, 나 오늘부터 학교 안 갈래!"

5학년인 아이가 아침에 일어나자마자, 평상시에 쓰던 존대말이 아닌 반말로 불쑥 말했다. 성격이 순하고 말도 들릴 듯 말 듯 하던 아이가 이런 말투가 되면, 우선 가슴이 철렁 내려앉는다.

"왜?"

나는 가슴을 진정시키며 아이에게 물어보았다.

"어제 국어시험을 보았는데, 선생님이 80점 이하는 전부 나오라고 해서 회초리로 손바닥을 때리셨어."

불현듯 내 학창 시절이 떠올랐다. 시험 결과가 나온 날, 몇

점 이하는 교단 앞으로 나오라고 해서 매를 들던 선생님과 매
맞던 아이들. 매맞기 위하여 자기 차례를 줄서서 기다리던 그
아이들을 생각하면, 마치 죽음을 눈앞에 둔 유태인들이 독일
인들이 만들어 놓은 가스실에 자기 순서가 오지 않기를 바라
면서도 하는 수 없이 줄서서 대기하고 있는 장면들이 연상되
었다.

한편으로 아이의 마음이 이해도 되었으나, 그러나 일단 나
는 아이를 타일러 학교에 보내야 된다고 생각했다. 한번 선생
님이 밉게 여겨지면, 더 이상의 학습효과를 기대할 수 없게
되기 때문이었다.

"나리야, 선생님이 매를 든 건 공부를 열심히 하라는 뜻에
서 그러셨을거야. 열심히 해서 다음에는 맞지 않도록 하면 되
지 않겠니?"

겨우 달래어 학교에 보내긴 했으나, 학교에 안 가겠다고 하
는 아이를 떠올리며 나는 갈등을 느꼈다.

'내가 아이를 학교에 보내는 것은 의무이지만, 아이가 학교
에 가는 것은 의무인가? 권리인가?'

나는 아이들이 학교에 가는 것은 의무보다는 인간으로서 마
땅히 배울 권리 때문에 가는 것이라 생각한다. 그렇다면 교사
는 학교에서 아이들을 가르치는 것이 의무일 것이다. 특히 선
생님이라는 이 사회의 지도자적 직업인으로서 의무를 다하여
야 한다고 생각한다. 교사라는 직업은 보통의 회사원과는 특
별나게 다른 의미를 가지고 있다. 교사는 우리 나라 미래를

창출해 나갈 2세들을 만들어 가는 직업이다. 다시 말해 교사
들에 의해 우리 나라의 미래가 결정된다고 해도 과언이 아니
다. 거기에 대한 대가로 아이들의 부모는 세금으로 의무를 다
하고 있는 것이다. 그렇게 부모는 의무를 다하여 아이를 학교
에 보내는데, 정작 아이가 학교에 흥미를 느끼지 못 하고 등
교를 거부한다면, 아이의 교사는 일단 자기 책임을 소홀히 했
다고 볼 수 있다.

흔히들 학교는 교육의 현장이라고 한다. 현장이라는 의미는
교육이 그곳에서 이루어진다는 것으로, 무엇보다도 그곳에서
교육이 이루어지기 위해서는 교사와 학생이 공존해야 한다.
그런데 학생이 교사 때문에 등교를 하고 싶지 않다면 당연 현
장이 형성될 수 없다.

학교는 아이들이 가고 싶은 곳, 재미있는 곳이 되어야 한다.
성적이라는 것은 배운 것에 대한 이해도를 수치로 나타낸 것
에 지나지 않는다. 공부한 내용에 대한 결과가 좋지 않다고
해서 아이들을 때려서 다스릴 것이 아니라, 이해가 부족한 아
이들에게 도움을 줄 수 있도록 최선을 다하여야 한다. 예를
들면 80점 이하는 무조건 매로 다스려 해결할 것이 아니라,
방과후 남으라고 해서 다시 한번 설명해주고, 그래도 여의치
않으면 아이의 부모에게 도움을 청하여 이해가 부족한 부분을
알 수 있도록 도와주어야 할 것이다.

이제는 교사들의 가르치는 방법에 일대혁신이 있어야 된다
고 생각한다. 교육시킬 내용보다도 교육을 위한 구체적인 기

술 습득이 시급하다. 그리고 이런 의식도 필요할 것이다.

"나는 너에게 가르치기 위해 존재한다. 그러므로 모르는 것이 있으면 언제든지 도움을 청하라!"

5

학부모 의견을 존중하는 선생님

내 딸이 초등학교 3학년 때의 일이다. 9년 동안 외국생활을 하고 막 귀국하여서 딸아이는 우리말과 글이 서툴렀다. 외국에 있는 동안 우리말을 익힐 수 있도록 주말 한국학교에도 다니고, 집에서도 우리말만 사용하여 의사소통은 할 수 있었지만, 한국에서의 국어수업을 따라가기에는 벅찬 실정이었다. 어휘력도 부족할 뿐 아니라, 빠른 수업시간의 진행으로 우리말에 익숙해질 때까지 딸아이에게 남모를 고민과 어려움이 많았으리라 짐작한다.

한국에서의 첫 학기가 반쯤 지나가고 있을 때 아이의 담임 선생님으로부터 전화가 왔다. 아이의 시험 결과에 대한 상담

전화였다. 시험지의 앞면에는 국어문제가, 뒷면에는 자연문제가 있었는데, 아이는 앞면만 풀고, 뒷면은 손도 대지 않은 채 답안을 제출하였다는 것이다.

교사의 입장에서 학생이 출제된 문제의 반밖에 답을 쓰지 못 했고, 또 그 중에 반 정도도 정답을 쓰지 못 한 경우를 접했다면, 당연히 학생을 한심하게 생각할 것이다. 아니 한심하다 못해 절망감을 느낄 것이다. 학생들의 시험점수는 교사 자신의 성취도일 수도 있기 때문이다.

그리고 우리말을 제대로 구사하지 못 할 뿐 아니라 이해조차 하지 못 하는 아이를 학교에 보내놓고 한번도 찾아와 보지 않는 부모에 대해서도 어떤 사람인지 무척 궁금하였을 것이었다. 하여튼 담임선생님의 목소리에는 우려와 더불어 답답한 심정이 담겨 있었다. 어쩌면 3학년이 되도록 이렇게 공부를 못할 수가 있는 것인지 담임선생님이 내게 물었다.

나는 아이가 한국에서 처음으로 3학년에 입학하였기 때문에 학교 수업을 이해하지 못 하는 실정과, 시험지를 읽고 나서도 이해하는데 시간이 무척 많이 걸리기 때문에 문제를 다 풀지 못 하고 답안지를 제출하였을 것이라고 설명하였다. 덧붙여서 아이의 지적능력이 다른 학생들보다 뛰어나지 못 하긴 해도 성실하며 노력할 줄 아는 아이이므로 시간을 두고 기다려보면 점점 나아질 것이라는 이야기도 했다.

내 설명에 담임선생님은 아이의 상황에 어느 정도 이해를 하는 듯한 반응을 보였으나, 그가 아직 이해할 수 없는 면이 있다고 했다. 그것은 다름이 아니라 답을 쓰지 않은 뒷면의 문제에 대한 것이었다. 비록 문제를 이해하지 못 했다 하더라도 보통 아이들 같으면 어떤 식으로든 답을 써넣었을 터인데, 손 하나 까딱않고 빈 칸으로 그대로 낸 것이 안타까웠다는 것이었다. 보다 못한 선생님은 결국 아이에게 한 마디 해주었다고 했다.

"애, 너는 빈 칸에 아무 번호나 써넣지도 못 하니?"

그러나 나는 그 말을 듣고 상당히 곤혹스러웠다. 순간적으로 많은 생각이 내 뇌리를 스치고 지나갔다.

나도 중학교입시부터 대학교입시까지 극심한 경쟁을 뚫고 진학을 했다. 주입식 교육과 점수에 의해 장래가 점쳐지는 교육 여건에서 성장하였던 것이다. 그러나 우리의 스승들은 공부는 강요했을지라도 모르는 문제에 아무렇게나 답해서 요행에 의해 한두 개를 맞춰 점수를 얻는 방법을 가르치지는 않았다. 아니 도리어 요행히 맞추는 것에 대해 부도덕하게 생각하였었다. 그런데 수십 년의 세월이 흐른 오늘날의 스승들은 정직성보다는 1점의 점수를 더 중요하게 생각한다는 데 대해 실망감이 들었다.

물론 내가 학교에 다닐 때에도 사지선다형 문제가 출제되었고, 모르는 문제는 연필을 굴려 답을 맞추거나 지문의 길이가 제일 긴 것을 고르는 등 요행에 의존하는 경우도 있었으며, 시간이 모자랄 때에는 아무 답이라도 써넣어 어떻게 해서든 1점이라도 올려보려고 시도했었다. 그러나 그러한 행동은 시험을 치르는 당사자의 생각이지 결코 교사들이 권장하는 사항은 아니었다. 아니, 당시 선생님들은 '찍기' 행위를 경계하였으며 경멸했다.

나는 당혹감을 감추며 선생님께 감히 나의 의견을 말씀드렸다.

"단순히 점수를 얻기 위하여 알지도 못 하고 읽어보지도 못한 문제의 답을 아무렇게나 표시하는 것은 바람직하다고 생각하지 않는데요. 그렇게 해서 받은 점수가 아이의 인생에 무슨 의미가 있겠어요? 자신이 아는 것만큼 평가받는 것이 아이에 대한 정직한 평가라고 생각하는데요."

사실 현대는 경쟁이 치열한 사회이며, 때로 경쟁에서 승리하기 위해서는 수단과 방법을 가리지 말고 정진하는 것이 필요할 것이다. 그렇다면 학교도 사회를 구성하는 한 원소로서 각박한 경쟁사회의 원리에 순응하도록 지도해야 할 것이다. 특히 학교 성적이 대학진학에 많은 영향을 주고 있는 현실에서 1~2점의 점수로 미래가 달라질 수 있는 만큼 아이의 담임선생님은 사회에의 적응을 위해, 그리고 더 밝은 미래의 창출을 위해 악착같이 노력하는 것의 필요성을 은연중에 나타냈던 것이리라. 그러나 그러한 노력은 성실성과 정직성의 기초 위에서 행해져야 된다고 생각한다. 약간의 점수 향상보다는 좀 더 인생을 살아가는데 필요한 자세를 교육하는 것이 학교교육이어야 할 것이다.

아이의 담임선생님의 말을 듣고 내가 걱정했던 것은 다만, 생에 대한 자세보다는 점수 몇 점을 더 중요하게 여기는 생각 때문이었다. 그런데 의외로 내 얘기를 들은 담임선생님은 자신의 생각을 금방 철회했다.

"어머님 말씀이 맞겠네요. 제가 잘못 생각한 것 같습니다. 이후부터는 아이에게 그렇게 말하지 않겠습니다."

그 이후로 우리 아이의 성적은 예상했던 대로, 결코 빠른 속도는 아니지만 꾸준히 나아지고 있다. 그리고 담임선생님의 이해심있는 지도덕에 학교생활에도 잘 적응해 가고있다.

무엇보다 학부모인 나의 의견을 듣고 존중해주신 담임선생님께 감사를 드린다. 그러나 이렇게 학부모의 의견을 나름대로 수용해 주시는 선생님이 있는가 하면, 학부모의 말이 합리적이라 할지라도 그 뜻을 수긍하고 이해하지 못 하는 선생님도 많은 것 같다. 간혹 이웃 학부모들에게 아이의 담임선생님에 대해 이야기를 하는 경우가 있는데, 그들은 한결같이 그 선생님께 경의를 표했다.

"그 선생님은 아주 훌륭하시군요. 보통의 선생님들은 교사로서의 자존심 때문에 학부모의 정당한 이야기에 쉽게 수긍을 하지 않지요."

대부분의 학부모들은 교사들의 고압적인 자세 때문에 학부모로서 이야기하고 싶은 것이 있어도 말을 하지 않게 된다고 한다. 또한 자신의 아이에게 어떤 불이익이 돌아갈까 싶어 해야 할 말도 하지 않고 침묵하게 되는 경우가 허다하다고 한다. 결국은 교사와 학부모간에 의사소통의 기회가 상실되는 것이다. 의사소통의 단절은 자라나는 아이들을 위하여 비극이다. 교사들은 자기 자존심이 상하더라도 학부모의 정당한 요구나 의견을 들을 때, 만일 그 의견들이 받아들일 만한 가치가 있다고 생각한다면 일단은 신중하게 마음에 새겨두는 것이 바람직하다. 무조건 받아들이라는 것이 아니고, 한번 쯤은 귀 담아 들어야 한다는 것이다. 우리 학부모들은 선생님들이 좀 더 넓은 이해심과 아량을 가진 분이기를 간절히 바랄 뿐이다.

6

소풍과 선생님 도시락

올해 봄에 교직을 그만둔 두 전직교사와 함께 올림픽 공원을 산책하고 있었다. 그곳에는 소풍온 유치원생들이 여기저기 보였는데, 잔디밭 보호를 맡은 경비원 아저씨들의 호루라기소리에 겁을 먹었던지, 마음껏 잔디밭에 들어가서 뛰어놀지도 못 하고, 아스팔트 위를 선생님을 따라 졸졸졸 걸어가고 있었다.

그것을 보며 그 잔디밭이 과연 무엇을 위한, 누구를 위한 것인지를 생각해보았다. 아무래도 그것은 보이기 위한 잔디밭, 그저 녹색공간이 있다는 것을 과시하기 위한 잔디밭인 것 같았다. 나는 제발 아이들이나 어른들이 호루라기소리를 듣지 않고 공원을 산책할 수 있기를 바랐다. 아니면 경비원 아저씨들이 고막을 찢는 듯한 호루라기를 부는 대신, 차라리 유치원생들에게 가까이 가서 친절하게 왜 잔디를 밟지 말아야 하는지 설명해 주는 것이 어떨까 하고 생각했다. 그러나 그 바램은 허사였다.

어느덧 점심시간이 되었다. 유치원 아동들이 길거리에 하나 둘 앉아 도시락을 먹기 시작하였다. 잔디밭에는 못 들어가게 하니까, 하는 수 없이 길거리에 앉아서 먹기로 했나보다. 그런데 어린 아이들이 쪼그리고 앉아 먹기 시작하는 도시락을 보니 스티로폴 도시락에 든 맞춤김밥이었다. 어쩜, 유치원에 다니는 자식 도시락도 못 싸줄 정도로 엄마들이 바빴을까? 아니면 귀찮았을까? 더욱 놀라웠던 것은 아이들의 선생님 도시락은 역시 맞춤이긴 하지만, 김밥이 아닌 밥과 반찬이 근사하게 들어있는 도시락이었다.

나는 같이 걷고 있던 한 전직교사에게 말했다.

"저 선생님들은 아이들 앞에서 아이들과 다른 밥을 먹으면서 마음이 편할까요? 저렇게 꼭 차별을 두어야 하나요?"

"저것도 분명히 도시락집 로비에 의한 것일 거예요."

"그게 무슨 말씀이시죠?"

즉 그분 말씀이 아이들 도시락을 단체로 맞추어 주는 조건으로 도시락집에서는 선생님 도시락을 특별하게 준비했을 것이라는 거였다.

실제로 초등학생, 중·고등학생들이 소풍가는 때가 되면 어떤 엄마들, 특히 반장이나 부반장 엄마들은 선생님 도시락 때

문에 무척 스트레스를 받는다고 한다. 거의 밤잠을 설치다시
피 하며 갖가지 반찬을 마련하여 선생님 도시락을 준비한 엄
마들은 과연 어떤 심정일까? 감사한 마음만 가득할까? 또한
힘들게 선생님의 도시락을 준비하는 엄마를 지켜보는 아이들
은 과연 담임선생님에 대하여 어떤 생각을 하게 될까? 언젠가
는 어떤 한 학생의 어머니가 이렇게 말하는 것을 들은 적이
있다.

"선생님들도 학교에 보내는 자식이 있을 텐데, 소풍갈 때
선생님 도시락을 싸야 한다면 어떤 마음이 될까요?"

물론 어른을 대접하는 것이 우리의 미덕이라고 한다. 선생
님 도시락을 준비해가는 것도 이런 맥락에서라고 볼 수 있겠
다. 그러나 과연 선생님 도시락을 싸느라 애쓰는 엄마를 지켜
보는 아이들에게 선생님을 극진히 대접해야겠다는 마음이 생
길까? 나는 아니라고 생각한다. 이미 그것은 미덕이 될 수 없
다. 교사는 학생의 스승이지 학부모의 스승이 아니기 때문이
다.

요즈음 각 가정의 식탁에 오르는 반찬에는 위아래 구분이
없다. 우리 윗세대들이야 먹을 것이 넉넉치 않아 가정의 경제
력을 주관하는 가장에게 가장 좋은 음식을 주고, 나머지 식솔
들은 그보다 못한 음식을 먹었던 것이 사실이다. 그러나 지금
은 음식 가지고 상하 구별을 하는 시대는 아닌 것이다.

다음은 어느 엄마와 딸아이가 주고 받는 이야기이다.

딸아이는 막 직장에서 돌아온 엄마에게 학급에서 반장이 되
었다고 기뻐서 자랑을 늘어 놓았다. 그러나 아이의 엄마는 한

마디로 잘라 말했다.

"너는 반장을 할 수가 없어!"

딸아이는 엄마의 말에 너무 놀라 눈이 휘둥그래졌다.

"아니, 왜 할 수 없어요? 당당히 투표해서 반장에 뽑힌 건데."

"왜냐하면 엄마는 바빠서 학교에서 오라고 할 때 갈 수 없고, 학교행사를 도와줄 시간도 없을 뿐 아니라, 소풍갈 때 도시락 준비도 할 수 없고……. 여하튼 엄마는 반장엄마 역할을 못 하니까, 내일 선생님께 반장 못 한다고 말씀 드려."

즉 이 아이의 엄마말은 자고로 반장이란 아이들끼리 투표로 선출하는 것이건만, 아이가 반장이면 으레 자신도 반장엄마 역할을 해야 한다는 것이다. 이 얘기는 아마도 오늘날의 교육 현실을 자명하게 보여주는 한 예일 것이다.

또한 여기에 미국에서 경험한 한 학부모의 경우를 소개하고자 한다. 아이들이 저학년인 경우, 소풍을 가면 교사 한 사람으로는 반 아이들을 돌보기가 벅차다. 그래서 그 교사는 학부모들에게 편지를 써서 도움을 청하였다. 시간이 넉넉한 한 아이의 엄마가 기꺼이 소풍을 함께 가겠다고 교사에게 답장을 썼다. 소풍가는 날, 아이의 엄마는 교사와 자신의 도시락을 준비해 가지고 학교에서 아이들과 함께 출발했다. 점심시간이 되어 선생님에게 점심으로 싸온 도시락을 드리니, 오히려 선생님이 그 아이의 엄마에게 자신이 준비해온 도시락을 내밀었다. 그 담임선생님은 본인 것뿐만 아니라 아이 엄마의 점심까지 준비해온 것이다.

“선생님두 참, 제가 준비해 왔는데, 왜 제것까지 준비해 오셨어요?”

그러자 선생님이 입가에 웃음을 머금고 아이의 엄마에게 말했다.

“무슨 말씀이세요. 제 일을 도와주시니까 제가 마땅히 준비해 와야지요.”

참으로 흐뭇한 얘기가 아닐 수 없다. 소풍이란 야외에서 하는 수업의 연장이고 보면, 평상시 교사의 점심처럼 소풍갈 때에도 교사의 몫은 교사 스스로가 준비하는 것이 마땅하다고 생각한다. 간혹 도시락을 준비하는 극성 학부모 때문에 어떤 학교에서는 교사용 도시락을 단체로 주문한다고도 한다. 물론 이것도 한 방법일 수 있다.

하지만 너무 눈에 띄게 화려한 도시락은 바람직하지 않다고 생각한다. 교사들끼리 모여 앉아 지나치게 진수성찬을 펼쳐놓고 먹는 것은 학생들에게 검소와 근면을 가르치는 교사로서 모범이 될 수 없을 것이다. 바람직한 소풍이란 모처럼 가진 야외에서의 점심시간 동안 교사와 학생이 서로 음식을 나누어 먹으며, 교실에서 할 수 없었던 진솔한 대화들을 나누는 귀한 시간이 되도록 활용하는 것일 것이다.

7

교사의 흡연과 맹모

맹자의 어머니는 맹자의 교육을 위하여 세 번이나 이사를 하였다고 한다. 교육환경을 그리 중요하게 생각하지 않던 시대의 이야기인지라, 아이의 교육을 위하여 세 번 이사한 것이 크게 부각된 것 같다.

그러나 요즈음에 아이들의 교육을 위하여 이사를 하는 것은 보통 있을 수 있는 이야기이다. 얼마 전 나는 선생님에 대한 정말 사소한(?) 불만으로 고민하다가 이사를 결심하는 학부모를 보았다. 그 부모는 해외주재원으로 가족과 함께 외국에서 살다가, 귀국 후 초등학교 3학년 딸아이를 학교에 입학시켰다.

초등학교 3학년 짜리 딸아이의 눈에도 외국과 한국은 엄청나게 달랐다. 딸아이는 집에 돌아와서 그 차이점을 하나씩 하나씩 자신의 부모에게 전했다. 그들은 딸아이에게 한국문화를 설명해 주며, 아이가 한국학교를 이해하도록 애썼다. 딸아이가 차츰 적응이 되고 있다고 느껴질 무렵, 어느날 아이의 엄마는 딸아이에게서 이런 말을 들었다.

"엄마, 한국학교에서는 선생님이 교실에서 담배피워도 돼요?"

딸아이의 담임은 60세 전후의 남자선생님이었는데, 공부시간에도 담배를 피운다는 것이었다. 사실 이미 오래전부터 아이의 엄마는 학교에서 돌아오는 딸아이의 몸에서 담배냄새가 심하게 나서 마음을 많이 졸여왔다. 아니나 다를까, 딸아이의 선생님이 교실내 흡연을 서슴지 않고 있었던 것이다. 그 아이의 어머니는 심각한 고민에 빠졌다.

'어떻게 이 문제를 해결해야 할까? 담임선생님을 직접 찾아가서 말씀드릴까? 과연 그것이 효과가 있을까? 이로 인해 혹시 아이가 어떤 불이익을 당하게 되진 않을까? 교장선생님이나 교감선생님은 도대체 무엇을 하고 있길래, 교사가 교실에서, 그것도 수업중에 담배를 피우고 있는 것도 감독 못 하나? 교장선생님을 찾아가서 항의해 볼까?'

이것저것 여러 가지를 생각해 보았지만, 선뜻 행동으로 옮길 수는 없었다. 사실 학교장의 권위와 비리, 촌지 문제 등에 대하여 이미 딸아이를 입학시킨 후로 수차 들어왔던지라 학교를 방문하여 이야기하는 것도 별 효과가 없으리라고 판단했기 때문이었다.

　결국 아이의 엄마는 담임선생님의 흡연에 대한 해결책을 찾지 못 하고 이사를 해서 아이를 다른 학교에 전학시키고 말았다. 입학한지 얼마되지 않은 때라, 미처 친구를 사귀지 못 했던 딸아이도 전학을 쾌히 받아들였다고 한다.

　물론 이렇게 학교에 대한 불만이 있을 때마다 이사할 수는 없을 것이다. 그러나 너무 단순해서 그냥 지나쳐도 좋을 것 같은 작은 문제가 교육을 받고 있는 학생들에게 어떤 영향을 줄지 한번이라도 생각해 본 적이 있는지…….

　청소년 흡연문제가 날로 심각해져 가고 있다. 학생들은 이제 공공연히 거리에서도 담배를 피우고, 여학생들의 흡연율이 증가하고 있다. 사회 전반에서 금연운동이 확산되고 있는 요즘의 추세에 비한다면 아이러니가 아닐 수 없다. 우선 교사들이 학생들의 모범이 되어야 할 것이다. 학생들 앞에서 담배를 피우는 교사의 모습은 결코 좋지 않다. 교사들이 교실이나 교무실 등에서 조금만 주의를 한다면, 그야말로 학생들에게는 산교육이 될 것이다.

8

교사와 학부모와의 대화

우리 사회 곳곳에서 대화의 부족으로 인한 병리현상이 두드러지게 나타나고 있는데, 대체로 문제 아동 혹은 문제 청소년의 경우, 가정에서 부모와의 대화가 가능하다면 대부분 치유가 가능하다고 한다. 실제로 가족간의 원활한 대화는 청소년 범죄를 줄일 수 있다는 연구 결과도 있다.

또한 국내 정치 현장에서도 대화의 부족은 많이 지적되어 왔다. 여당과 야당의 대화부족으로 많은 정치적 사건들이 파행으로 치달았었다. 국제협상에서도 협상 능력의 부족, 대화 능력의 부족이 수없이 지적되었었다. 이처럼 우리 사회가 대화를 통한 문제의 해결에 익숙하지 못한 이유는 역사적으로 상명하복(上命下服)을 미덕으로 삼아온 유교적 관행에 있으며, 가족 구성원 상호간에 각자의 신상문제, 혹은 가정 전체의 문제를 대화와 타협을 통해 해결하지 못 하는 가정환경이 한 이유가 될 수 있을 것이다.

또한 학교교육에서도 그 이유를 찾아볼 수 있다. 여지껏 교사들이 학생들에게 지식을 전달하는 과정에서 꼭 필요한 학생과의 대화, 학부모와의 대화가 원활하게 이루어지지 못 했으며, 대화 장애를 극복하려는 노력이 그 누구에 의해서도 시도되지 않았던 것이 사실인 것이다.

우선 학생과 교사와의 대화에 대하여 생각해 보자. 교실에서 선생님의 강의는 항상 일방적으로 이루어진다. 일방적인 지식의 전달이 40~50명의 학생들에게 이루어지고 있다. 가장 대표적인 예로는 칠판에 선생님이 수업 내용을 쓰고, 학생이 그대로 공책에 옮겨쓰는 것을 들 수 있다. 요즘에 판서로 수업하는 경우는 거의 없다고는 하지만, 일방적으로 교사가 앞에서 이야기하고, 학생들이 들은 내용을 책이나 공책에 옮겨적는 학습은 기존의 수업방식에서 별다른 진전이 있다고는 볼 수 없다.

배운 내용에 대하여 이해를 못 한 학생들은 질문을 통해 이해의 정도를 높여야 한다. 그러나 질문의 기회는 잘 주어지지 않는다. 교사가 학생들에게 대답을 요구하는 질문은 있으나 학생이 교사에게 질문하는 것은 거의 어려운 상황이다. 만약 학생이 쉬운 부분에 대하여, 또는 기초적인 문제에 대하여 질문을 할 경우에, 학생들에게는 엄청난 용기가 필요하다. 대부분의 학생들은 선생님들의 비난과 핀잔을 두려워 하거나 부끄럽게 여겨, 모르는 상태로 그냥 지나쳐 버리기 일쑤다. 교사는 흔히들 이렇게 대꾸한다.

"아니 그것도 몰라? 너는 공부를 하는 거니? 마는 거니? 수업시간에 뭐하고 있었어? 너는 학원에도 안 다니니?"

대답은 고사하고 아예 아이들의 기를 꺾어놓기 일쑤다. 그러고 나면 학생들은 다시 선생님에게 질문할 엄두를 내지 못 한다. 실상 우리네 교육은 선생님과 학생들이 하나의 독립적인 인격체로서 서로 대등한 관계에서 이루어지는 것이 아니라, 군신관계처럼 일반적인 비평과 전달만 있을 뿐이다. 이 과정에서 학생들에게는 체벌이 가해지기도 하며, 적응하지 못 하는 학생들은 비정상적인 대접을 받게 되기도 한다.

어떤 교사들은 이렇게 말할지도 모른다.

"한 아이의 기초적인 질문에 대답하기 위하여 대다수 다른 아이들의 시간을 낭비시킬 수는 없다."

하지만 전혀 방법이 없는 것은 아니다. 그렇게 판단될 경우에는 학생에게 빈정대는 투의 말 대신 이렇게 얘기하라.

"너의 질문에 대해서 좀더 진지하게 대답하고 싶으니, 수업 끝나고 교무실로 오너라."

이런 식이라면 훨씬 지혜로울 수 있을 것이다. 학생들의 질문에 대해 존중도 해주며, 질문 해결에 있어서 다른 아이들에게 피해를 주지 않고도 해결할 수 있을 것이다.

간혹 교사가 특정 학생의 언행으로 인하여, 혹은 성적 때문에 학생의 부모와 대화를 필요로 하는 경우가 있다. 이러한 경우 교사는 학부모를 호출하게 되는데, 학생은 이 중간에서 메신저 역할을 담당한다. 만일 나쁜 일로 부모를 학교에 모시고 와야 되는 학생은 절망감에 빠지기 쉽다. 물론 선생님으로부터 호출을 받은 학부모도 엄청난 갈등을 겪는다.

우리 이웃에 사는 어떤 학부모는 아이들의 식사배식 봉사를 위해 세 달에 한번 정도 학교에 가는데, 아이의 엄마는 학교에 가기 일주일 전부터 고민에 빠진다. 이번에 학교에 가면 담임선생님을 만나고 와야 하나? 선물을 가져가야 되나? 말아야 하나? 등등의 문제로 고민을 한다. 그리고 또 만약 선물을 사들고 간다면 무엇을 사야 되며, 돈봉투를 가져가야 한다면 얼마를 넣어야 되나? 등등 온갖 고민을 하는데, 이 모두가 학교에 봉사를 하러 가면서 겪게 되는 부모의 갈등이다.

어떤 엄마는 그런 고민이 싫어서 학교에 봉사하러 가는 날, 자신의 할 일만 하고 곧장 집에 왔었는데, 아이가 학교에서 돌아오더니 담임선생님의 말을 전하더란다.

"너의 엄마는 학교까지 오면서 왜 담임도 안 만나고 가니?"

그 말을 들은 아이의 엄마는 심적 부담을 느끼며 담임선생님의 의도를 파악하느라 몇 날을 전전긍긍했다고 한다. 정말 교사의 말 한 마디가 학부모에게 액면 그대로 순수하게 받아질 날이 언제일까 하는 생각을 해본다. 그럴진대 교사로부터 호출을 당한 학부형의 심사는 오죽하겠는가? 아마 고뇌의 경지에까지 이를 것이다. 솔직히 말하면 학부모들은 교사를 되도록이면 만나기 싫어한다. 가능하면 피하고 싶은 것이다.

　　교사가 학생의 문제로 학생의 부모와 만나 의견을 교환하는 것은 극히 자연스러우며, 필요한 행위이다. 또한 부모의 입장에서도 교사와 상담이 필요하다고 느낄 때가 있을 것이다. 어떠한 방법으로든 아이 문제에 대한 교사와 학부모간의 의사교환은 필요할 것이다. 그러나 교사와 만나는 것이 아이를 위하여 중요한 일인지 알면서도, 정작 학부모들은 선뜻 마음이 내켜하지 않는다. 이유는 십중팔구 촌지를 주기 싫어서, 혹은 촌지를 주는 것에 대한 양심의 가책 때문에, 혹은 촌지를 주지 못 하기 때문에, 그로 인해 자기의 자식이 당하게 될 불이익을 염려하기 때문이다.

　　학생의 효율적인 교육을 위하여 혹은 학생의 어떤 문제의 해결을 위해 교사와 학부모간에 의사소통은 꼭 필요하다. 그리고 이 의사소통의 요구는 교사측에서부터 비롯될 수도 있고, 학부모로부터 비롯될 수도 있다. 의사소통의 방법으로는 몇 가지를 생각해 볼 수 있겠다.

　　첫째, 예컨대 학생의 학습태도가 매우 불량하다든가, 친구와 싸웠을 경우에 그에 대한 상황 설명과 문제점 그리고 일의 해결책으로서의 교사의 의견 등을 글로 써보낼 수가 있다.

　　둘째, 전화를 이용하는 방법이다. 급한 전달 사항이나 혹은 상의할 내용 등을 전화로 학부모에게 아니면 교사에게 전달할 수가 있다. 다만 이 경우에는 전화 상대방과 전화 연결이 어려운 단점이 있다. 즉 교사가 수업중일 때는 통화가 불가능하므로 교사와 학부모와의 대화 시간에 제한을 받는 것이다.

　　셋째, 직접 면담이다. 꼭 필요한 경우에 가장 효율적인 의사소통 방법이며 최후의 수단이기도 하다. 이 세 가지 이외에도 다른 방법이 있을 수 있겠으나 이 세 가지 방법에 국한하여 몇 마디 첨언한다면, 우리 나라 현실로서는 무엇보다 편지에 의한 의사소통이 가장 바람직할 것이다.

편지에 의한 의사전달은 교사와 학부모에게 장점을 제공해 준다. 그 첫째가 억양된 감정을 누그러뜨릴 수가 있는 것이다. 어떤 교사가 떠드는 학생에게 주의를 주었을 때 그 학생이 반발하거나 반항하였다고 하자. 그러면 교사도 감정이 악화돼 이성을 잃게 되는데, 일단 이성을 잃게 되면 교사로서의 훈육의 효과는 역으로 나타난다. 이때 교사가 아이와 감정의 대립을 멈추고, 부모에게 학생의 잘못된 행위에 대한 문제의 심각성을 편지로 설명한다면, 편지를 쓰는 동안 교사의 감정은 그대로 표현되지 않고 도리어 공정하고 냉정하게 사실을 기록할 수 있을 것이다.

물론 교사 자신도 편지를 쓰는 동안 그 상황에 처했던 자신의 태도에 대해서 다시 한번 돌아볼 기회를 갖게 될 것이다. 그리고 편지를 씀으로써 학생들에게 강한 경고를 주는 효과를 노릴 수가 있다. 학생들은 감정에 치우친 자신의 좋지 못한 행동이 부모에게 알려지는 것을 꺼려 자연 행동을 자제하게 될 것이다.

학부모입장에서도 마찬가지이다. 교사를 대면하게 됨으로써 생기는 부담이 없다. 촌지나 감정적인 폭발의 위험 등에 대한 부담이 없다. 이밖에 학부모들은 편지에 정당치 못 하거나 지나친 표현을 할 수가 없다. 객관적인 기록이 남게 되기 때문

에 자식의 성적을 잘 받을 수 있게 해달라는 등의 청탁도 할
수 없게 된다.

　교사나 학부모가 학생의 바른 교육을 위하여 서로 상의하며
대화를 갖는 것은 절대적으로 필요하다. 그러나 우리 나라의
특수한 교육 여건상 직접 만나서 대화하는 것은 피차에 어려
움이 많으므로, 편지를 통하여 의사소통을 하는 것이 바람직
할 것이다. 물론 가장 좋은 방법은 아무 부담없이 학부모와
교사가 만나 허심탄회하게 그리고 사심없이 아이의 장래와 현
재의 문제 등에 대해서 의견을 나누는 것일 것이다. 이 글을
쓰는 가장 궁극적 목적도 하루빨리 그런 날이 오기를 고대하
는, 하루빨리 교육의 정상화가 이루어지기를 바라는 마음에서
이다.

9

학교에서 상처받는 아이들

　길을 걷다가 종종 나는 나 자신이 보행자로서 인격적인 대우를 받지 못 하고 있다는 생각을 하게 된다. 운전자도 보행자의 위치에 있을 때가 있을 텐데, 보행자인 경우가 전혀 없는 것 같이 운전하고 있으니 말이다. 또 교통표시판을 설치한 사람도 그 표시판을 이용하는 경우가 있을 텐데, 이용자의 입장을 전혀 고려하지 않고 표시판의 설치 그 자체만을 위한것 같이 느껴지는 때가있다. 다시 말해서 교통표시판이 사람들이 편안하게 길을 가도록 해주는 것이 아니라, 오히려 혼돈을 일으키게 하거나 위험에 빠지게 하는 경우가 있다.

　교통문제뿐만 아니라, 우리 국민 특히 특정권한을 갖지 못

한 서민들은 사회로부터 인간으로서의 기본적인 대우를 받고 있지 못 하다는 생각을 할 때가 많다. 나는 우리 아이들이 가꾸어 나갈 사회는 국민 모두가 인간의 기본적인 대우를 받을 수 있는 인격사회이길 바란다.

그러자면 무엇보다 우리 아이들이 어려서부터 제대로 된 인격교육을 받아야 한다고 생각한다. 또한 아이들의 인격교육은 학교에서부터 이루어져야 된다고 생각한다. 그런데 일부 무지한 교사들, 인격이란 단어 자체를 모르는 것 같은 교사들, 마음에 사랑이 없는 교사들에 의하여 우리 아이들은 인간으로서의 존엄성을 말살당하고 있을 뿐 아니라, 깊은 마음의 상처를 받고 있다. 아이들에게는 교사의 말 한 마디나 사소한 행동이 독약이 될 수도 양약이 될 수도 있다.

몇 가지 예를 들어보고 그 해결방법을 찾아보자.

초등학교에 다니는 한 아이가 시험을 보았는데 좋은 점수를 얻지 못 했다. 담임이 그 아이에게 말했다.

"너는 5학년 7반으로나 가라!"

그러나 아이가 암만 생각해도 5학년은 6반까지만 있고 7반은 없었다. 당황한 아이는 내내 울면서 집에 돌아왔다. 그리고 엄마에게 말했다.

"엄마, 선생님께서 나는 더 이상 학교에 다니지 말라는가봐. 나보고 7반에 가래. 5학년에 7반은 없는데, 없는 반에 어떻게 가?"

정말 그 선생님은 아이가 자신의 말을 어떻게 받아들일 거라 생각했을까? 공부 열심히 하라는 이야기로, 아이가 그렇게

받아들일 거라 생각했을까? 천만의 말씀이었다. 없는 반에 가
라는 이야기는 아이에게 너무 충격적이었다. 무엇보다 시험을
잘 보고 못 보고를 가지고 선생님들이 아이들에게 빈정거리지
않아야 될 것이다. 좋은 점수를 받지 못 한 아이는 이미 본인
스스로 위축이 되어 있을 것이므로, 격려와 위로를 통해 용기
를 북돋워 주는 것이 교육자의 기본 태도이다.

그 선생님은 분명 이런 식으로 말해야 옳았다.

"자신의 성적이 너무 좋지 않다고 생각하는 사람은 앞으로
열심히 하세요. 에디슨은 비록 공부는 못했어도 훌륭한 발명
가가 되었고, 영국 수상 처칠은 과목을 낙제한 적도 있었어요.
공부를 하는 데 있어서 지금 점수를 잘 받는 것보다는 꾸준히
노력하는 것, 그것이 더욱 중요합니다. 꾸준히 열심히 하면 언
젠가 좋은 점수를 받을 수 있게 됩니다."

어떤 한 아이는 선생님이 신문요금을 가져오라고 해서, 평
상시와 같이 신문요금을 손에 들고 가서 선생님에게 드렸다.
선생님이 그 아이에게 말했다.

"너희 집에는 봉투도 없니?……어쩌구 저쩌구……."

어쩌구 저쩌구는 그 선생님의 말이 자기에게 해당되지 않는
다고 생각하여 생략해서 전해준 말이다. 이 경우에 선생님이
달리 말했더라면 아이가 선생님의 말에 쉽게 수긍하지 않았을
까?

"돈은 봉투에 넣어서 가져오는 것이 분실될 염려가 없을 뿐
아니라, 올바른 예의란다."

　나는 중학교 시절에 생물과목을 무척 좋아했다. 그래서 생물과 관련된 책도 많이 보고 공부시간에 질문도 많이 하였었다. 어느날 생물시간에 선생님의 설명에 수긍할 수 없는 부분이 있어 질문을 하였다. 그런데 선생님은 설명은 안 해주시고 이런 말을 하셨다.

　"빈 수레가 더 요란한 법이다."

　이 말에 나는 말로 표현할 수 없는 상처를 받았다. 그리고 이후로 나는 수업시간에 질문하는 것을 두려워 하게 되었다. 당시 선생님이 "그래, 좀더 생각해 보고 다음 시간에 이야기하기로 하자." 라고 말씀하셨다든가, 나의 틀린 점을 친절히 설명해 주셨더라면 좋았을 것이었다. 수업시간에 질문을 한다는 것은 그 과목에 흥미가 있거나 학습의욕이 있다는 것을 뜻한다. 그런데 선생님의 그 무심한 한 마디가 그 모두를 상실케 한 것이다.

　또한 대부분의 아이들은 선생님의 부당한 폭력에도 마음의 상처를 받는다. 심한 경우 어떤 아이들은 담임선생님을 정신병자로 취급하기도 한다. 한번 두번 계속되는 부당한 대우에 아이들은 멍들어가고, 선생님에 대한 존경심은 커녕 정상인이면 저럴 수 없다는 생각에 아예 선생님을 비정상인으로 간주해 버린다. 그래야만 학생들 자신이 비참하게 여겨지지 않을 테니까 말이다.

　어느 고등학교에서 일어난 일이다. 어느 학교에서나 대부분

체육이나 교련선생님이 학교규율을 책임지게 된다. 그들이 그 책임 때문인지 아니면 그들의 원래의 사고가 그 정도밖에 안 되는지는 몰라도 아이들로 하여금 체육이나 교련을 즐거운 수업시간으로 생각하게 하질 못 한다. 오히려 아이들을 공포로 몰아넣을 때가 많다. 체육은 평생의 건강을 위하여 여러 가지 구기놀이나 신체활동을 통하여 체력단련을 하는 데 그 목적이 있고, 교련은 비상시를 위한 대비하는 데 그 목적이 있다. 그런데 체육시간이나 교련시간이 학생들이 단체기합을 받는 시간이기 십상이다.

어떤 한 남학생의 머리가 조금 길다고 해서 교련선생님이 그 학생의 머리 한가운데를 싹뚝 잘라버렸다. 만약 그 교련선생님이 70년대 장발족 단속에 걸려 길거리에서 머리를 잘렸다면 어떤 기분이었을까? 지금은 굳이 그 인권없던 그 시절로 돌아갈 필요가 없지 않은가? 아이들의 인권을 최대한으로 존중해 주어야, 미래에 아이들이 사회에 나가서 인권이 있는 사회를 형성하는 일원이 되지 않겠는가? 비록 기성세대인 우리는 인권유린의 시대를 지냈지만, 우리 사회의 미래를 위하여 우리 2세들의 교육만은 우리가 받았던 것과는 다른, 목숨을 걸고 지키고자 했던 인권을 실천하는 데 집중되어야 할 것이다.

가령 그 학생의 머리를 자르는 대신 이렇게 말해줄 수 있을 것이다.

"머리가 너무 길어. 이발하고 와서 내게 보여주겠니?"

그리고 다음에 머리를 자른 학생의 모습을 확인한다면, 선생님의 인격도 학생의 인권도 살릴 수 있는 것이 아닌가?

나는 교사들이 자신의 권위를 나타내기 위해서 학생들의 인권을 짓밟을 때가 많다고 생각한다. 자신의 인권이 짓밟혔다고 생각하는 학생들은 더 이상 선생님을 존경하지 않게 된다. 학생들로부터 존경받지 못 하는 교사는 아무리 어깨에 힘을 주고 눈을 부릅뜨며 폭력으로 자신의 권위를 내세우려 해도 학생들로부터 선생님으로서의 권위를 인정받지 못 한다. 아니, 인정하려조차 들지 않는다.

부모입장에서 내 아이들이 학교에서 정당한 인격체로 대우받고, 교육받기를 원하며, 부당한 교사들의 행위로 말미암아 마음의 상처를 받고 처참한 기분에 빠지지 않기를 바란다.

교사는 자신이 학생이라면 어떨까, 내가 학생일 때는 어떠했는가 등등 항시 입장을 바꾸어 생각해보고, 교사 스스로가 자신이 학창시절에 만나고 싶었던 스승상을 학생들에게 보여주는 것이 이상적일 것이다. 만일 모든 사람들이 인격이 형성되는 시기인 학창 시절에 인격적인 대우를 받고 인간의 존엄성을 교육받았다면, 우리의 교통문화 또한 바람직하게 형성될 수 있었을 것이다.

결과만 중시하는 시험

어느 고등학교 교사와 교육에 대해 의견을 나눈 적이 있다. 그가 지적한 사항 중의 하나가 요즈음 고등학생들의 수업태도가 상당히 불량하다는 것이다. 보통 초등학교 3~4학년 정도면 자기제어 능력이 생기고, 공부시간에 집중하는 시간이 저학년 때보다 길어지기 때문에 수업시간 동안 별 지장없이 수업을 받을 수 있다고 한다.

그러나 요즈음의 학생들은 초등학교 5~6학년이나 중학생이 되어도 자기제어 능력이 부족하다고 한다. 심지어 수업중 학습태도가 산만한 고등학생도 많다고 한다. 옆의 친구와 떠들거나, 만화책 혹은 학과와 관계없는 책들을 보는 등 상식적으

로 이해할 수 없는 태도로 수업에 임하는 학생이 많다는 것이
다.

　고등학교 수업시간에 교사가 통제할 수 없을 정도로 떠드는
학생이 많고, 딴짓하는 학생이 많다면 학생들은 말할 것도 없
고, 학교나 학부모, 교사 등 그 모두에게 불행한 일이요, 참담
한 일이다.

　학생들이 자기제어 능력을 충분히 발휘할 나이가 되었음에
도 불구하고 마치 미숙아와 같이 집중을 하지 못 하고, 수업
중 불량한 태도를 보인다면, 교사의 단순한 위엄적 경고만으
로는 상황이 나아질 수 없다. 무엇보다도 잘못된 학습태도를
시정하기 위한 대책을 마련해야겠는데, 우선 이런 현상에 대
한 원인이 파악되어야 하겠다.

　그 원인에는 가정에서의 훈육부족 및 가공음식의 과다섭취,
전진학습으로 인한 학습의욕 상실 등 몇 가지를 들 수 있겠으
나, 여기서는 결과만을 중시하는 우리 나라 교육 평가제도에
대하여 생각해 보기로 하겠다. 우리 나라에서 학생에 대한 평
가는 전적으로 시험 결과에 의존하고 있다. 어떤 학생이 어떤
학과에 얼마나 흥미를 갖고 학과공부를 위해 얼마나 준비해서
학습에 임하였는지는 배제된 채, 단지 시험 결과가 점수로 환
산되어 성적표에 기재되고, 그 성적표가 말할 것도 없이 대학
입시 결정에도 영향을 준다.

　비록 고등학교 교육의 정상화를 위하여 종합생활기록부가
대학입시에 반영되는 등 일련의 조치가 따랐지만, 여전히 공
부하는 과정의 중요성은 하나도 강조되지 않고, 학생은 오직

시험 결과로써만 평가를 받는다. 그렇기 때문에 자연히 학원과 과외가 판을 치고 있을 뿐 아니라, 심지어는 학교성적을 올리기 위한 교사와 학원간의 은밀한 거래가 오가기도 한다.

수업시간에 성실히 임하든, 그렇지 않든간에 시험 범위 안에서 나온 문제만 달달 외워서 시험만 잘 보면 되는 것이다. 결국 그렇기 때문에 불량한 수업태도와 시험 부정행위가 근절되지 않게 된다.

과정을 경시하고 결과만 중시하는 폐단은 수업태도의 불량만 초래하는 것이 아니다. 어려서부터 오랜기간 동안 과정보다 결과를 중요하게 교육받은 사람들이 자라서는 수단과 방법을 가리지 않고, 온갖 불법을 동원하여도 당선만 되면 된다고 생각하는 국회의원이 될 수도 있는 것이다.

또한 온갖 비리와 부정을 동원해서라도 권력을 쥐기만 하면 된다고 생각하는 권력자가 될 것이다. 조금더 확대해 본다면, 과정보다 결과를 중시하였기에 전두환, 노태우같이 술수와 무력으로 권력을 찬탈하는 사람들이 생기는 것이다. 한 가지 예를 더 들자면, 학교재단의 이사장들 중에는 불법적인 부동산 투기 등으로 돈을 번 사람들이 많다고 한다. 그리고 그런 돈으로 학교를 세우고 이 나라 교육중흥에 힘쓰는 것이 아니라 부동산 투기를 하듯 하나의 투기사업으로 교육사업을 하고 있는 부류들도 있는 것 같다. 학교 건물의 부실공사, 허위계약, 부정입학, 부정채용 등등 온갖 불법들을 자행하여 돈을 벌고서는 교육사업이라는 가면을 쓰고 있는 경우가 십상이기 때문이다.

　이와 같이 과정은 도외시되고 결과만 중요시하는 교육, 즉 시험에 의한 평가가 절대적인 교육의 폐단은 실로 막대하다. 그 폐단이 확대되고 무르익어, 급기야 오늘날 우리 사회의 총체적 난국을 조장하게 되었다고 해도 과언은 아닐 것이다. 그렇다면 지금부터라도 우리 학교교육을 통해 과정의 중요성을 부각시킬 방법은 없을까? 있다! 그것도 아주 간단하게 해결할 방법이 있다!

　과정의 중요성을 학생들에게 가르치려면 그것을 성적에 반영시키면 되는 것이다. 성적을 오직 시험에 의해서만 평가할 것이 아니라 수업태도, 숙제를 성실히 했는지의 여부 등을 성적에 반영시켜야 한다. 그것두 최소한 50%는 반영되어야 한다. 즉 시험을 잘못쳐도 그 학과의 학습 태도가 좋거나 숙제를 잘해오는 경우에 좋은 성적을 받을 수도 있어야 한다.

　우리 나라 시험은 대부분 외우지 않으면 안 되는 문제들이 많은데, 외우는 능력이 부족하여 답을 제대로 쓰지 못 한다 하더라도 평상시의 노력으로 낙제 점수는 면하도록 하여야 한다. 그렇게 하여야 학교 수업의 정상화를 꾀할 수 있을 뿐 아니라, 좋은 두뇌의 소유자가 아니라도 노력에 의한 정당한 학업의 성취욕을 가질 수 있게 될 것이다.

　어떠한 일이라도 과정뿐 아니라 결과의 중요성이 강조가 되어야 한다는 데는 이의가 있을 수 없을 것이다. 우리 나라 학교 교육이 비록 파행적이긴 하지만 대학 진학이 주된 목표 중 하나라는 사실을 인정한다면, 대학 수학능력고사로 학생들의 고등학교 시절의 학업결과를 충분히 평가할 수 있을 것이다.

그렇다면 학교성적은 학생들의 학업 성취 과정을 평가하는 데 치중하여야 한다. 교육개혁안에 의하면 내신 성적 대신에 종합생활기록부를 기록하게 되어 있다. 물론 종합생활기록부의 과목별 성적도 과정이 참고된 평가이어야 한다.

교사들 중에서 업무과다나 다른 이유를 들어 학생의 학습활동을 관찰하여 엄밀히 평가하는 것이 어렵다고 말하는 사람이 있을 수 있다. 그러나 약간의 주의와 노력 그리고 교사로서의 기본적인 소양만 갖추고 있다면 문제가 될 것은 없다고 생각한다.

예컨대 학생의 학습태도가 나쁜 경우, 몇 번까지는 경고를 한 다음, 그 이후부터는 성적에 반영한다든가 하는 기준을 학년초에 제시하여 고시한 그 기준에 의해 객관적인 평가가 되도록 하면 된다. 과제물의 경우에도 안 해오거나 부실하게 한 학생의 점수를 감점하면 될 것이다.

100점 만점 기준에서 50점을 과정 점수로 한다면 수업태도, 과제물, 발표력 등으로 구분하여 배점하고, 매 수업시간마다 그 학급의 수업평가란을 만들어 나가면 별로 번거로울 것도 없다. 교사의 조그만한 성의가 우리 사회를 근본적으로 바꾸는 원동력이 된다.

학창시절부터 일의 과정의 중요성을 교육받고, 결과 못지않게 과정도 중요하다는 사실을 깨달으며 자란 사람들이 이 사회를 이끌어갈 때, 말 그대로 성실한 사람이 잘 사는 사회가 될 수 있을 것이다.

인생을 바꾸어 놓은 교사의 한 마디

교직생활을 20년 넘게 한 어느 교사는 교사직이 보람있는 일이라고 생각되는 때는 스승의 날에 사회에 진출한 제자들이 여전히 자신을 기억하고 찾아와 주는 때라고 한다.

어느 해이던가는 스승의 날에 30살을 갓 넘긴 경찰이 자신이 전근간 학교까지 알아내어 찾아왔다고 한다. 교단에 선지 몇 해 되지 않아 가르쳤던 그 제자는 문제아 중의 문제아였다고 한다. 그 제자는 거의 매일이다시피 교무실에 불려와 이 선생님, 저 선생님에게서 갖은 야단과 꾸중을 듣곤 해서, 교사들 간에도 유명한 학생이었던 것이다.

자신의 스승을 찾아온 그 청년이 먼저 학창시절 이야기를 시작했다.

"선생님께 고백할 것이 있습니다."

"고백?"

스승은 아직도 자신이 모르는 일이 있었던가 의아해 하며 제자의 얘기에 귀기울였다.

"그날도 저는 여느 날처럼 교무실에 불려가 한 차례 야단을 맞은 후 벌을 서고 있었죠. 그때 바로 선생님께서 지나가시면서 제게 말씀하셨지요. '여기 왜 왔니? 너 요즈음 잘하고 있잖아? 너는 결심만 하면 잘할 수 있는 애잖아?' 그리고는 참 다정하게 제 등을 토닥여 주셨지요."

스승으로서는 기억이 나지 않는 까마득한 얘기였다.

"허허. 내가 그랬었나?"

"선생님의 그때 그 말 한 마디가 저의 인생을 바꾸어 놓았지요. 정말 감사합니다. 선생님의 그 말씀이 아니었으면 저는 지금 어떤 인생을 살고 있을지 모르겠습니다."

그 제자는 그 일이 있은 이후로 착실히 마음잡고 공부하여 경찰관이 되었고, 모범적인 사회생활을 해나갔다.

당시 아무리 잘못을 했을지라도 교무실에 불려와서 모든 선생들 앞에서 얻어 맞으며 야단을 맞는 그 제자의 자존심은 만신창이였을 것이다. 그런데 바로 그 선생님이 자신의 자존심을 살려주고 존재를 인정해 준 것이었다. 그리고 그 선생님의 용기와 위로의 말 한 마디가 한 제자의 인생을 바른 길로 인도했던 것이다. 야단치는 선생님의 꾸중이 제자를 바른 길로 가게 하는 약이 되는 것이 아니라, 신뢰의 말 한 마디가 약이 되었던 것이다.

　종종 교사가 학생에게 교훈을 주기 위하여 야단치는 말이 오히려 학생에게 반감을 사거나, 마음의 상처를 주는 경우가 있다. 특히 학생의 외모나 행동에 대하여 비꼬면서 빈정거리는 말은 학생에게 더욱 해를 끼친다. 그럴 때는 차라리 말을 아끼는 편이 나을 것이다.

　교사는 학생에게 말을 건넬 때, 꼭 이 말을 해야할 것인가, 자신의 말이 학생에게 어떻게 받아들여질까를 생각해보고 말하는 것이 중요하다. 흥분해서 하는 말은 본의 아니게 확대 표현되기 쉽다. 그러므로 신뢰와 칭찬의 말이 아니면, 되도록 말을 적게 히는 것이 오히려 교육적인 효과를 가져올 것으로 생각한다.

12

교사는 왜 존재하는가?

부모가 자신의 2세를 교육시키는 것은 의무이다. 현대사회에서 교육은 비단 부모만의 의무일 뿐 아니라, 국가의 의무이기도 하다. 현재 우리 나라는 중학교까지 의무 교육을 실시하고 있는데, 즉 우리 나라의 부모들은 자녀를 중학교까지 교육시켜야 하며, 부모가 못 하면 나라에서 그 의무를 다해야 한다. 교육을 받을 학생의 입장에서 보면 이것은 대한민국의 국민이라면 중학교까지 다닐 수 있는 권리가 그들 각자에게 있는 것이다.

일단 부모는 2세의 교육 받을 권리를 위하여 세금을 납부하는데, 이로써 그들에게 부여된 의무를 이행한다. 부모들의 세

금으로 교사들의 급여가 지불되고 있으며, 교사들은 학생들을
가르치는 대가로 급료를 받는다.

그런데 최근 교육현장에서 일어나는 여러 가지 사태들을 지
켜보자면 스스로 이런 질문들을 하게 되는 경우가 종종 있다.
교사들이 있기 때문에 학생들이 배울 수 있는가? 아니면 학생
들이 있기 때문에 교사들이 가르칠 수 있는 것인가? 좀더 직
접적으로 이야기하자면 교사가 학생들을 위하여 존재하는가?
아니면 학생이 교사를 위하여 존재하는가? 사실 이 질문에 대
한 대답은 너무도 자명한 듯 보인다. 그러나 오늘날 교사들이
학생이나 학부모의 위에서 군림하고 있는 교육현실을 보면,
이 너무도 분명한 대답이 어떤 이들에게는 정반대의 대답으로
비쳐질 수 있을 것 같다.

구체적으로 말한다면, 학생들이 있기 때문에 교사들의 존재
가치가 있는 것이 누구에게나 분명한 것 같은데, 일부 교사들
은 그 반대로 교사가 있기 때문에 학생이 존재할 수 있다고
생각하는 것 같다. 그것은 교사에게만 국한된 문제가 아닐지
도 모른다. 일부 학부모들도 주객이 전도된 가치관을 가지고
있는 것이 분명하다.

교사들에게나 학부모에게나 혹은 교육을 책임지고 있는 정
부 관계자들에게도 교사의 존재가치에 대한 근본적인 이유를
되새겨보는 것이 꼭 필요하다. 왜냐하면 그 결론에 따라 교사
들의 교육관과 교육방법이 전적으로 달라질 수 있기 때문이
다.

교사들이 있기 때문에 학생들이 배울 수 있다고 생각한다

면, 그건 어디까지나 교육의 주체를 교사로 한 발상이다. 만약 교사가 없다면 학생은 배울 수가 없다는 말과 통하기 때문에, 교사의 위치는 절대적인 위치에 있게 되고, 교사의 기준에 의해 학생들이 평가되고, 일단 그 평가에 의해 학생들의 진학이 결정되면 학부모와 학생은 수단과 방법을 동원하여 교사에게 잘 보여야만 한다. 또한 교사 중심의 교육이 행해질 때에는 아이들의 적성은 고려될 수 없고, 잘못하는 학생은 매를 맞든, 부당한 처벌을 받든, 어린 마음에 상처를 받든 교사의 처분에 의존할 수밖에 없다. 결국 학부모는 자기의 자녀가 좋은 대우를 받게 하기 위하여 촌지를 건네게 되고, 교사는 아이를 인질삼아 부모의 '자발적인' 돈봉투를 유도하게 되는 셈이다.

그러나 학생들이 있기 때문에 교사들이 가르칠 수 있다고 생각한다면, 당연히 교육의 주체는 학생이 된다. 교사는 학생의 능력과 적성에 따라 가르치고자 노력하게 되며, 학생이 잘 알아듣지 못 한다거나 학업성적이 좋지 못하다는 이유로 매를 든다거나 윽박지를 수 없다. 교사는 학생 한명 한명의 재질과 특성을 파악해서 그에 맞게 교육하기 위해 최선을 다하게 될 것이다.

기업의 경우를 예로 들어 비교해보자. 오늘날의 기업은 새로운 사회적 여건의 변화에 적응하기 위하여 많은 변신을 시도하고 있다. 그 변화중에 하나가 대고객관이다. 과거 "고객은 왕이다" 라는 말은 구호에 불과하였지만, 오늘날의 모든 기업들은 철저히 실천하고 있다. 진정으로 고객중심의 경영을 첫째로 삼고 있고, 기업의 존재가치를 수요자의 만족에 두고 있

다. 고객만족의 차원을 넘어 고객감동을 부르짖으며 100% 이
상의 고객만족을 위해 노력하고 있다.

한편으로 생각하면 교사는 국민이 내는 세금 또는 등록금을
대가로 받고, 교육이라는 서비스를 제공하는 직업인이다. 자기
가 하는 교육의 수요자인 학생 또는 학부모를 무시하고 돈 모
으기에 급급해서는 안 된다. 학생을 도구 삼아 검은 돈을 벌
고자 하는 교사는 본인을 위해서나 학생을 위하여, 더욱 나아
가 나라의 백년대계를 위하여 교사직을 그만 사퇴하는 것이
좋을 것이다.

아직도 올바른 교사로서의 사명감을 갖고 교단에 서고자 하
는 많은 교사 지망생들이 순서를 기다리고 있다. 차라리 교육
다운 교육을 해줄 그들에게 내 아이들을 가르칠 기회를 주고
싶다.

제3장

♠

엄마가 학교에 하고 싶은 이야기

뇌물의 교육

뉴스를 보면 매일매일 검은 돈 이야기가 있다. 대통령으로부터 기업인, 공무원, 교육자에 이르기까지 우리가 생각하기에 우리 나라에서 가장 중요한 위치에 있는 자들의 결코 유쾌할 수 없는 이야기가……

그중에서도 교육장소인 학교에서 얼마나 많은 뇌물들이 오가고, 각종 비리들이 공공연히 이루어지고 있는지를 듣고 있자면 걷잡을 수 없는 분노가 치솟는다. 교육을 담당하고 있는 사람들이 온갖 비리들을 자행한다는 것은 결국, 나라를 책임지고 살아갈 우리 아이들에게 독약을 먹이고 있는 것과 같다.

나는 감히 지금부터 열거하는 경우에 해당되는 교육자는 양심을 회복하기 위해, 그리고 이 나라의 미래를 위해, 이제나 저제나 교단에 서기를 희망하는 대기자들을 위해 깨끗이 물러나야 한다고 주장한다.

내가 만난 어떤 고등학교 교사는 수학여행을 다녀온 후 아이들에게 미안해서 혼났다고 한다. 해마다 수학여행철이 되면 수학여행지를 놓고 교장과 팽팽히 맞서곤 했는데, 그 이유는 여행지마다 학생에 대한 대우가 틀리기 때문이었다. 특히 경주에 있는 여관의 대부분은 학생들의 식탁을 선생님들의 식탁보다 너무 형편없게 차린다고 한다. 수학여행을 온 학교측의 숙박업체로 선정되기 위해 업주들이 뇌물성의 검은 돈을 학교장에게 쏟아붓다 보니, 본의 아니게(?) 축낸 돈을 메꾸기 위해서 학생들의 식탁을 건성으로 차리게 되는 것이다. 이전에 한번 어떤 의식있는 교사가 비록 여행중이지만, 학생들도 선생님과 같이 음식을 잘 먹어야 한다고 주장하여 다음해에 장소를 바꾸기는 하였으나, 이듬해 교장이 교사들과 의논 한 마디 없이 일방적으로 장소를 다시 바꾸고 말았다. 그곳에서 학생들은 영락없이 형편없는 식사를 해야만 했고, 선생님들은 상다리가 부러져라 환대를 받았다. 학생들은 바로 학교장과 몇몇 학교 실세들에게 들어간 검은 돈 덕분에 희생을 당한 것이다.

교사들은 학교행사가 있을 때마다 무언가가 당연히 생겨야 한다고 생각한다. 떡고물이! 그래서 그들은 쉽게 그들의 직분을 망각하게 되는 것이다.

또 이런 일도 있다고 한다.

한 선생님이 자신이 판단하기에 가장 나은 참고서를 학생들에게 추천했는데, 그 사실이 어찌 어찌 학교장의 귀에 들어갔다. 학교장은 당장에 그 선생님을 불러 호되게 야단를 치더니, ○○출판사의 ○○를 단체로 구입해 쓰라고 했다. 그러나 교장이 추천한 책은 이미 시중에서 평판이 좋지 않아 서점에서도 찾기 힘든, 창고에서 잠자고 있는 것들이었다. 뒤에 밝혀진 이야기로는 출판사측이 재고 정리를 위해 교장에게 로비를 하여 정가의 1/2도 안 되는 가격으로 책을 출고시키고, 학생들에게는 원래 가격대로 책값을 지불케 했으니, 그 차액은 순전히 교장의 몫이었다.

유치원이라고 다를 것은 하나도 없다. 아이를 유치원에 보내고 있는 부모에게서 들은 이야기인데, 유치원에서는 부모들로부터 아이들 간식비를 따로 받고 있으나, 실제로 아이들이 먹는 간식은 간식비에도 못 미칠 정도로 질이 낮은 경우가 많다는 것이다. 수업료와는 상관없이 아이들의 간식비라는 명목으로 또다른 고물을 챙기고 있는 것이다.

빙산의 일각과 같은 이 이야기들은 유치원부터 초등학교, 중학교, 고등학교 할 것 없이 우리의 교육 현장에서 소위 높은 자리에 있다는 사람들이 아무런 양심의 갈등도 없이 월급 이외의 검은 돈에 손을 더럽히고 있다는 사실을 말해준다.

초등학교 5학년인 아이가 신문요금을 달라고 한다. 학교에 가져 가야 한다며 아이가 돈을 달라고 할 때면, 자연 이런 생각이 든다.

'정말 그 돈에서 얼마가 신문요금이고, 얼마가 빠져나가는 것일까?'

어떤 신문사라도 학교처럼 단번에 수백 명의 정기 구독자를 확보할 경우에는 신문대금을 조금이라도 할인해 줄 것이다.

무엇보다 아이들을 위한 단체 신문계약이라면 할인된 가격은 당연히 구독자인 아이들에게 그 혜택이 돌아가야 할 것이다. 그런데 왜 이런 것도 학교장이나 서무실에서 관여하고 있는가?

사실 아이들이 단체로 신문을 본다는 것 자체가 너무도 획일화된 발상이다. 신문을 보는 목적은 시사에 눈을 뜨고, 읽는 재미를 느끼기 위한 것일 터인데, 한 가지 신문만을 정해서 아이들에게 읽힌다는 것 자체가 의심스럽지 않은가?

내 조카의 경우를 이야기하자면, 조카는 가족들이 대전에서 서울로 이사를 오면서 학교를 옮겼는데, 옮긴 학교에서는 어떤 한 신문을 단체로 구독하고 있었다. 그러나 조카가 다닌 대전의 학교에서는 단체로 신문 구독을 하지 않았고, 다만 집에서 따로 어린이신문을 받아본 모양이었다. 서울로 이사온 후로도 계속 그 신문을 구독했다고 한다. 그러던 어느날 조카의 담임선생님이 신문요금을 가져 오라고 해서, 제 아빠는 조카에게 집에서 보는 신문을 학교에 가져가 보라고 했다. 그런데 신문을 가져간 첫날, 조카는 울면서 집으로 돌아왔다. 담임선생님이 조카에게 소리를 지르며 혼을 냈던 것이다.

"다른 아이들과 다른 신문을 가져오면 아침 자습시간에 문제를 어떻게 풀겠다는거니?"

결국 조카는 신문요금을 학교에 가져갔고, 반 아이들과 같은 신문을 보면서 선생님으로부터 의도된 소외감을 피할 수 있었다.

나는 아이들이 신문을 보는 목적이 아침 자습의 문제 풀이를 위한 것이라면, 굳이 신문을 구독할 필요가 없다고 본다. 어떻게 그렇게 획일적이고 비교육적인 일이 학교에서 행해지고 있는지 모르겠다. 학교에서 신문을 단체로 구독하는 이유는 잘 모르겠지만, 혹여 누군가의 이권 때문만은 아니기를 바란다. 차라리 아이가 집에서 보는 신문에서 흥미있는 기사를 직접 스크랩해 두었다가 교실에서 발표해보는 것이 더욱 다양한 주제와 발표 능력을 키워주는 교육적 효과가 있지 않을까? 아이들이 보는 신문이라고 해서 반드시 어린이 신문이어야 한다고는 생각지 않는다. 교육을 위하여 신문을 보는 학교라면, 한번 진지하게 생각해 보았으면 한다.

우리 아이는 학교에서 점심식사와 우유를 급식하고 있는데, 사실 우유는 집에서도 수시로 마시고 있고, 학교에서 주는 우유는 맛이 없다고 하면서 집으로 가져오는 날이 많아 굳이 급식할 필요를 느끼지 못 하고 있다. 그러나 우유값을 점심급식비에 포함시켜 급식고지서를 발부하므로 할 수 없이 학교에서 우유를 받고 있다.

어느날 갑자기 생활이 어려워져 우유대리점을 낸 친구를 만난 적이 있었는데, 그 친구에게 학교에 우유를 대면 좋지 않겠냐고 하니까 친구는 잘라 말했다.

"얘, 말도 마라. 학교에 우유 한번 대려고 했다간 서무실 직원부터 교장까지 줄줄이 손을 내미는데, 잘못하면 오히려 손해나 볼 수 있고, 또 더러워서도 안 해. …… 우리 아이가 그런 사람들이 가르치는 곳에서 공부를 하는구나 생각하니까 처참한 거 있지."

시간이 흐를수록 학교에서 급식하는, 그러나 시중에서는 잘 볼 수 없는 우유에 대해 아이들이 거부반응을 일으키자, 한번은 학부모들이 우유를 다른 것으로 바꾸든지, 우유를 먹고 안 먹고를 선택할 수 있도록 해달라고 학교에 건의하였다. 그러나 학교에서는 무조건 그 우유를 먹어야 한다고 했다. 식비 920원, 우유 180원으로 식비와 우유값이 따로 계산되므로, 내가 생각하기에는 원하는 아이만 우유 급식을 해도 괜찮을 텐데 그렇게는 안 된다니 아무래도 납득이 가지 않는 일이다.

더구나 강북 모학교에서 우유 급식에 대한 선택권을 아이들에게 준 것을 보면, 학교장의 의지에 따라 얼마든지 가능한 일이라는 생각이 든다. 하루빨리 아이들의 먹거리에 대한 선택 자율권이 일반화되길 바란다.

요즈음 방과후 특별학습이 학교마다 유행하고 있다. 자연히 그 시간에는 수업을 위한 교재가 필요한데, 교재는 대개 학교에서 단체로 구입하는 경우가 많다. 보통 단체로 구입하는 경우엔 정가의 20~30%가 할인된다고 하는데, 그러나 여지껏 나는 그렇게 되는 것을 보지 못 했다. 학교에서는 항상 책 뒤 표지에 인쇄된 정가 그대로를 요구하였다.

이밖에도 교과서 선정문제, 모의고사를 위한 시험지 선정문제, 교복착용에 따른 업소문제 등등 이루 헤아릴 수 없는 많은 일들이 학교와 연결될 때는 모종의 뒷돈이 거래된다고 한다. 간혹 어떤 학교장은 그 돈들을 교사들의 후생을 위해 쓴다고 하니, 다소나마 우리 나라 교육의 앞날에 희망을 가져볼 뿐이다.

노전대통령이 나라의 여러 가지 사업을 벌이는 동안, 국민의 세금으로 지불되는 사업자금에서 할인받은 돈을 국고에 반납하지 않고 자신이 챙겼던 일을 상기하면서, 부디 우리 아이들이 정직한 교육자들로부터 교육받기를 바라는 마음이다. 검은 돈에 "No!"라고 할 자신이 없는 교육자는 모두 교육장을 나가주기 바란다. 제발 우리가 내는 교육세를 좀먹지 말아주길 바란다. 검은 돈으로 얼룩진 우리 사회를 바로 잡을 수 있는 가장 근본이 되는 장소가 바로, 미래의 새로운 세대를 교육하는 학교라고 생각하기 때문이다.

2

영어! 영어! 영어!

　교육은 보통 백년대계라고 한다. 내 개인적인 견해로는 교육은 한 나라의 역사라고 본다. 교육에 의하여 한 나라의 역사는 형성되어 가는 것이다. 교육개혁위원회에서 나온 계획안에 의하면 앞으로 초등학교 3학년부터 학과시간중에 영어를 가르칠 예정이란다.

　그런데 왜 유독 영어야만 하는가?

　초등학교 3학년이 사회에 나가 사회의 일꾼으로 일하려면 15년 이상의 교육기간이 필요하다. 더구나 세계는 아주 빠른 속도로 변화한다. 초등학교 3학년이 성인으로서 일하게 될 앞으로 15년 이후의 세계 흐름을 영어권으로만 단정할 수 있겠는가? 그들이 65살까지 사회활동을 한다고 가정하면, 지금부터 15~50년 이후의 세계 정세 정도는 읽을 수 있어야 하고, 이에 합당한 교육이 필요하다고 생각한다.

많은 사람들이 지적하듯이 우리 나라 교육의 가장 근본적인 단점은 획일성이다. 선택의 여지를 주지 않는 것이다. 어차피 초등학교 수준의 외국어 교육이라면, 비단 영어만이 아니고 몇 개 국어를 선택하여 가르치도록 하면 어떨까? 앞으로는 학교운영위원회가 생겨서 학교의 전반적인 정책을 세우게 된다고 하니, 훨씬 다양한 교육의 혜택을 아이들에게 줄 수 있으면 좋겠다.

영어만 이 세상에 있는 유일한 외국어인 양 아이들에게 교육시킨다면, 아이들의 미래에 대한 세계관이 너무 한정되어 버리지 않을까? 일본인들이 우리 나라를 침략한 후, 일어만을 사용하도록 강요하여 우리 나라를 일본의 문화적 종속국으로 만들었던 역사를 잊지 않았다면, 영어만을 고집하는 교육으로 스스로 문화 종속국이 되지 않도록 해야겠다.

또한 영어만 중시했다가 20~30년 후 불어 혹은 스페인어, 혹은 중국어가 득세한다면, 몇십 년 동안의 교육이 쓸모없게 되지 않겠는가. 영어만을 고집하는 절름발이 교육은 지양해야 할 것이다.

한편 고등학교 교과과정의 제2 외국어도 거의 그 선택이 한정되어 있다. 특히 성별에 따른 한정은 어처구니 없을 정도다. 가령 이런 식이다. 남학생은 독일어, 여학생은 불어…… 남학생이기 때문에 독일어를, 여학생이기 때문에 불어를 해야 한다는 것은 참으로 언어도단이다. 설마 학생들에게 선택권을 주어 본인들이 관심있어 하는 외국어를 배우게 하는 것이 교육적 효과가 크다는 것을 학교에서 모르지는 않을 것이다. 그러나 그들은 늘 그렇게 구태의연한 것이다.

이런 것만 보아도 현재의 학교 교육은 학생들을 위한 것이 아니라, 교사들 혹은 학교의 편의를 위한 것이라는 사실이 여실히 드러난다. 앞으로 교육개혁위원회에서는 영어만 고집하지 말고, 아이들이 어려서부터 다양한 외국어를 접할 수 있도록 다양한 교육체계를 마련해야 할 것이다. 그렇지 않으면 이 나라의 교육은 백년대계가 아니라 십년소계도 못 될 것이다.

한편 현재 초등학교의 영어수업은 대부분 학원강사들에 의해 이루어지고 있는데, 그 대책이 무척 시급하다. 학원강사들의·질도 문제지만, 더 심각한 것은 학원측의 맹목적인 영리추구에 있다. 그들은 공공연히 학교측에 로비를 벌이고, 영어수업을 미끼삼아 아이들을 무작정 학원으로 끌어들이고 있는 실정이다.

요즈음에는 대학에서 외국어를 전공한 인력들이 많이 있다. 어떤 이들은 교사 자격증까지 갖추고 있다. 교육기관에서는 외국어전공자들을 어떤 일정한 기관에 등록케 하여 필요에 따라 외국어전공자를 학교에 배정시켜 관리한다면, 이것도 초등학교 외국어 교육의 효과적인 한 방법이 될 것이다. 교사자격증이 있고, 외국어를 가르칠 능력이 있는 학부모의 활동도 적극 검토하는 것도 바람직한 일일 것이다. 능력을 갖춘 학부모 중에는 기회만 주어진다면 자원봉사도 기꺼이 할 사람이 있을 것이다. 아니면 시간강사로서 아이들이 적은 비용으로 다양한 외국어를 접할 수 있는 기회를 제공할 수도 있을 것이다.

다시 말하지만, 외국어에는 영어만 있는 것이 아니다. 이 세계에는 많은 나라와 많은 언어가 있고, 세계의 역사는 계속 돌며 흐르고 있다. 우리 나라를 영어의 종속국으로 만들지 말자.

언어를 습득한다는 것은 문화를 받아들인다는 것이다. 우리 나라가 광복을 맞은지 50여 년의 세월이 지났건만, 일제치하 35년 동안 받은 일본어 교육탓으로 우리의 언어생활에서 많은 사람들이 일본어의 잔재를 쓸어버리지 못 하고 있다. 언어뿐 아니라 일본문화 척결도 또한 당면힌 문제로 시급하다. 앞으로 수십 년후 국어를 국어답게 만들기 위해, 온 국민이 영어의 잔재를 씻어내기 위해 노력을 하지 않으리라고 누가 장담할 수 있을 것인가.

가장 중요한 것은 어린 학생들에게 세계에는 여러 나라가 있으며 각 나라마다 사용하는 언어가 다르다는 사실을 인지시키는 일이다. 아울러 한 외국어만을 정책적으로 가르치는 교육기관의 편의주의적인 교육이 하루빨리 제자리를 찾아야 할 것이다.

3

보충수업, 자율학습, 강제학습

고등학교 입학을 앞둔 자녀가 있는 가정에서는 미리부터 대학입시에 대한 정보 입수에 여념이 없다. 학원, 과외, 특히 어느 고등학교가 어떻고, 어느 고등학교가 대학입학률이 좋다든가 하는……. 무엇보다 부모들은 자녀들이 좋은 대학에 가기 위해서는 평판좋은 고등학교에 우선적으로 배정되어야 한다고 생각한다. 그러나 내 경우에는 그렇지가 않다.

아이가 인근 고등학교에 배정되었을 때, 나는 아이가 통학하는데 교통이 편하고, 멀지 않으며, 학교가 학생들을 달달 볶지 않는다는 점에 안심했었다. 그런데 우리 아이와 같은 학교에 배정된 어떤 한 아이의 학부모는 학교가 마음에 들지 않아서 울기까지 했다고 하는 얘기를 들었다.

아이가 고등학교에 입학한 후 첫 학부모회의 때 학교를 찾아갔다. 학교 강당을 들어서는데, 과연 그 열기가 대단했다. 교장선생님과 여러 주임선생님, 그리고 각 반 담임선생님이 참석한 가운데, 학교의 규칙 및 시책이 전달되었다. 살펴보자니 소문에 듣던 대로 대체적으로 별 무리없이, 까탈스럽지 않게 교육적 차원에서 짜여진 것 같았다.

무엇보다 대개의 학교에서 강제적으로 이루어지고 있는 자율학습이 그 학교에서는 말 그대로, 자율적으로 학습을 원하는 학생만 방과후에 남아 이루어지도록 한 것이 마음에 들었다. 나는 사람의 히루 노동시간으로는 8시간이 적절하며, 적당한 휴식은 다음 활동을 위한 원동력이 된다고 생각한다. 학생들의 경우도 마찬가지이다. 학교수업도 8시간 정도면 아이들에게 적당할 것이다.

수업에 임한다는 것은 긴장의 연속으로 8시간 이상 긴장을 지속시킨다면, 신체나 정신에 무리가 가지 않을 수 없다. 실제로 밤 9시나 10시까지 모든 학생을 강제로 남게 해서 자율학습이 아닌 강제학습을 하고 있는 학교의 경우, 학생들의 수업태도는 이루 말할 수 없을 정도로 형편없고, 밤늦게 귀가하면서 생기는 학원폭력—귀가하면서 깡패에게 또는 덩치 큰 선배에게 맞아 입원하는 아이가 꽤 많다고 한다—도 심각할 지경이다. 낮의 정규 수업시간에 아예 코를 골며 자는 아이가 허다하며, 대부분의 아이들이 눈망울이 풀어진 채로 수업에 집중과 긴장을 하지 못 한다고 한다. 이 자율학습아닌 강제학습은 높은 대학입학률을 위해 외국어고등학교에서 먼저 시작하였는데, 스쿨버스를 이용하는 대부분의 아이들은 아침에 차를 타서부터 학교에 도착할 때까지 존다고 한다. 아이들은 비몽사몽간에 하루를 시작하는 것이다.

나는 우리 아이들이 이러한 강압적인 시간 때우기식 수업에 긴장을 할 수도, 안 할 수도 없는 몽롱한 상태로 계속 생활하다가 앞으로 어떤 정신상태의 성인이 될지 걱정이 된다. 정상적인 사고를 할 수 있는 성인이 될 수 없으리라는 것은 명백하다. 그리고 그들이 이끌어 나갈 사회는 어떻게 될 것인가?

적당한 휴식을 취하면서 명상에 잠기는 것은 정신건강상 무척 중요하다. 자기 인생을 구체적으로 설계하는 시간을 가져보는 것도 계속되는 주입식 학습에 시달리는 학생들에게 매우 귀중한 시간이 될 것이다.

내가 아는 어느 선배는 ○○에 있는 한 ○○학교에서 ○○교사로 재직하고 있는데, 어느날인가 그 선배로부터 전화가 왔다.

"얘! 교사생활 하기가 너무 힘들구나! 이거 무슨 이변이 있어야지, 도저히 견딜 수가 없구나. 정말 무슨 교육이 이러니?"

"아니 그건 내가 할 소리인데, 교사가 그런 소리를 하면 어떡해요?"

선배의 이야기로는 새벽 6시 30분에 집을 나서서 밤 11시에 집에 들어온단다. 체력과 정신이 버텨주지 못 해 병이 났는데도, 학교에서 쉬지 못 하게 해서 아픈 몸으로 계속 학교에 나가고 있다는 것이다.

아무리 유능한 교사라 하더라도 다음 수업을 위해서는 준비를 하여야 한다. 자고로 교사란 직업은, 부모가 그러하듯이, 자기 자신의 지식이나 인격을 학생들에게 전하는 것이 본분일 것이다. 그러므로 교사들에게도 재충전의 시간은 꼭 필요하다. 방학이 두번 있는 것은 교사들에게는 재충전의 좋은 기회인데, 그나마 요즘에는 자율학습이나 보충수업으로 빼앗기고 있는 실정이다.

"아니, 대체 누가 자율학습을 시키는 거예요? 학교예요? 학부모예요?"

"학부모들이야. 학부모회의에서 밤 10시까지 자율학습이 아닌 강제학습을 아이들에게 시키기로 결정한 거야. 그런데 문제는 아이들이 낮공부시간에 공부를 안 한다는 거야. 괜히 자라는 아이들 나쁜 습관만 기르는 거지. 자는 아이들, 딴짓하는 아이들이 태반이야. 제대로 수업에 임하는 아이들이 없어. 하긴 그럴 수밖에. 아이들이 무슨 수로 학교에서 그 긴 시간을 감당해낼 수 있겠니? 학부모들이 수업에 참관해 보면, 아마 엄청 놀랄 거야."

글쎄, 아무리 학부모들이 원한다고 해도 교사들이 교육적이지 않다고 생각하는 것이면, 학부모들을 바른 길로 인도해야 하지 않을까? 도대체 교육부에서는 무엇을 하고 있는가? 어느 날인가 나는 교육구청에 전화를 넣어 자율학습과 보충수업의 정당성에 대하여 물었다. 교육구청쪽 얘기로는 자율학습이란 본래 학과 진도를 나가지 않고, 자율적으로 원하는 학생만 학습에 임하는 것이라고 밝혔다. 그러한 명확한 개념이 있는데도 불구하고, 실제로 학교에서는 그처럼 행하고 있지 않는 것이다.

보충수업은 말 그대로 정규 수업시간만으로는 이해가 모자랄 수 있는 교과 부분을 따로 시간을 마련하여, 아이들이 그야말로 보충설명을 들을 수 있는 수업의 한 형태인 것이다. 비단 어떤 한 과목에만 국한시키지 말고, 각 교실마다 한 과목씩 배정-가령 1학년 1반에서는 국어, 1학년 2반에서는 수학 등의 식으로 과목을 배정한다거나 또는 각반 담임의 과목을 그대로 개설시켜 놓아도 훌륭한 방법이 될 수 있을 것이다-하여 수업시간에 공부한 내용중 이해되지 않거나, 질문하고 싶은 사항들을 방과후 학생들이 자발적으로, 그리고 의욕을 가지고 참여하는 것이어야 할 것이다.

지금의 학교시스템이나 교사들의 교육방법으로는 학생들이 수업시간에 질문할 것이 있어도 질문을 할 수 없다고 한다. 방과후에 따로 가서 선생님께 여쭈어 볼라치면 핀잔받기 일쑤이고, 결국은 과외나 학원을 이용하게 된다고 한다. 그렇다면 교사들은 자기의 직분에 책임을 다한다고 볼 수 없을 것이다.

그리고 아이들에게는 국어, 영어, 수학 등과 같은 주요과목의 이해만 부족한 것이 아니다. 어떤 과목이든지 의문사항이 있을 수 있고, 깊은 흥미를 가질 수 있다. 보충수업이란 바로 수업의 연장으로서, 일방적으로 교사들이 학생들에게 가르치는 방식이 되어서는 안 될 것이다. 학생들이 수업시간에 이해하지 못 했거나 이해가 부족했던 부분을 보충하여 소화할 수 있어야만이 그 효과를 기대할 수 있을 것이다.

마지막으로 덧붙이자면, 자율학습의 경우 자율학습이 아니면 차라리 강제학습이라고 이름하자. 그 편이 오히려 더 솔직하고 교육적이다. 말은 그럴 듯하게 만들어 놓고, 실천이나 실속은 전혀 없는 그런 이중문화적 전통을 이제 더 이상 우리 아이들에게 전해 주어서는 안 될 것이다. 자율이란 단어가 붙었으면, 어디까지나 학생들의 자율의사를 인정해 주어야만 한다.

우리 아이가 다니는 학교는 학생들로 하여금 진정 강제학습이 아닌 자율학습을 하게 하는데, 결코 쉽지만은 않았을 그런 결단을 내리신 교장선생님께 감사와 존경을 표한다. 앞으로도 다른 학교나 몇몇 학부모의 불평으로 인하여 교장선생님의 교육관이 흔들리지 않기를 바란다.

4

한국사람이 다니는 외국인학교

한국경제가 발전함에 따라 해외에 거주하는 교포들이 많아
졌다. 통계자료를 인용하지 않더라도, 주위에서 이민을 가거
나, 유학생으로, 상사주재원으로, 공관원으로, 혹은 여러 다른
이유로 해외에 나가 살고 있는 사람들이 많음을 알고 있을 것
이다. 다른 나라에 비해 땅은 작고, 인구는 많은 우리 나라의
상황을 생각하면, 사람들이 해외에 많이 진출하는 것은 매우
바람직하다고 하겠다.

해외거주자가 많아짐에 따라 외국에서의 한국사람의 행동유
형이 다양하게 나타나고 있다. 외국인의 눈에 비친 한국인의
모습도 무척 다양할 것이다. 또한 조국에 있는 사람들 눈에

비친 재외 한국인의 모습도 단 몇 마디로 요약할 수는 없을 것이다. 그러한 다양함 속에서 공통점을 발견하거나, 일관된 행동양식을 찾아낸다는 것은 쉬운 일이 아니다. 그러나 내가 자신있게 말할 수 있는 공통점이 있다면, 그것은 자녀의 교육과 관련된 의사결정의 공통점이다.

모든 재외 한국인 부모는 자기 자녀를 외국학교에 입학시키면서, 약간의 걱정을 하게 된다. 그러나 그 걱정은 단순히 자녀가 새로운 사회에 제대로 적응을 할 것인지에 대한, 국내의 그만한 또래의 자녀를 둔 부모의 걱정 수준을 넘지 않는다.

오히려 외국에 거주하는 한국인 부모들은 자녀들을 그 나라의 학교에 주저없이 입학시킨다. 반면 수년 간의 외국생활을 마치고 귀국했을 때, 혹은 어떤 사정으로 가족이 한국에 체류할 일이 생겼을 때, 그들은 엄청난 고뇌에 빠지게 된다. 단지 고민할 뿐만 아니라, 한국에 있는 한국인 학교가 아닌 외국인 학교를 이리저리 백방으로 알아보러 다닌다.

말도 통하지 않는 외국학교에서 공부해야 한다는 것은 아이들에게 말로 표현할 수 없는 두려움을 갖게 하고, 많은 시행착오와 실소를 자아내는 해프닝들을 연출하게 한다. 그 과정에서 일부 학생들은 이를 잘 극복하여 공부도 잘하고, 자긍심을 지닌 채 그 사회의 일원으로 훌륭하게 성장한다. 또한 대부분의 학생들이 그런대로 극복하며 자신의 정체성을 형성해가고, 공부는 그리 뛰어나지 않더라도 그 사회에서 살아갈 수 있을 정도로 충분히 성장한다. 그외 소수의 어떤 아이들은 문화적 차이를 극복하지 못한 채 문제아가 되기도 한다. 이렇듯 외국학교에 적응하는 정도는 아이들마다 다르다. 그런데 한국 부모들은 이에는 아랑곳 하지 않고, 조금의 회의도 없이, 아주 당연하게 아이를 외국학교에 입학시킨다. 오히려 학부모들은 이를 좋은 기회로 생각한다. 이민간 사람들에게 이민간 이유를 물어보면 한결같이 그 첫번째 이유를 자녀교육 때문이라고 하는데, 이것만 봐도 부모들이 외국학교를 선호하고 있다는 사실을 쉽게 눈치챌 수 있을 것이다.

부모들은 도대체 왜 자녀들이 외국학교에 입학하는 것은 거리낌없이, 아니 오히려 다행스럽게 생각하면서, 한국학교에 입학하는 것은 왜 그리 꺼려할까? 민족주체의식이 없어서일까? 아니면 사대주의적 사고방식이나 식민사관에 입각한 의식구조 때문일까? 물론 그 가능성을 전연 배제할 수는 없겠지만, 꼭 그런 것만은 아니다.

한국학교를 마다하는 이유를 그들은 다음과 같이 이야기한다.

첫째, 교사들의 체벌 때문이다. 특히 체벌 중에서도 매를 들 수 있다. 매는 폭력이다. 매를 맞는 학생들은 인격을 무시당한다고 생각하며, 마음에 상처를 받게 된다.

둘째, 암기식 교육에 대한 거부감 때문이다. 학업에 대한 평가의 대부분이 암기 위주의 시험을 통해 이루어지기 때문에, 과제물이나 보고서 등의 학습 평가 자체가 없을 뿐더러, 아무리 열심히 공부를 하여도 좋은 성적을 받을 수 없다는 것이 그 이유다.

셋째로, 한국말이 서투른 자녀가 학업을 따라가지 못 할 것에 대한 염려 때문이다. 그러나 이것은 말도 안 되는 핑계다. 말이 서툰 정도가 아니라 아예 알아 듣지도 못 하는 외국학교에는 자녀를 주저없이 잘도 입학시키면서, 한국어가 서툴다는 이유로 자녀의 한국학교 입학을 꺼리는 것은 아무래도 학부모의 의식구조에 문제가 있다. 간혹 이렇게 말하는 학부모도 있을 것이다.

"외국학교에는 그 나라 언어를 습득할 수 있는 프로그램이 충분히 있어요!"

그렇다면 그 학부모는 또다른 사실 하나도 알아야 할 것이다. 부모에게는 한국어가 모국어이므로 자식을 도와주는 데 전혀 문제가 없다는 것을 말이다. 언어를 습득하는 데 사람보다 더 좋은 프로그램이 있던가? 여하튼 한국어가 서툴러서 그렇다는 것은 표면적인 이유에 불과하다. 그들이 설명을 할 수 있건 없건, 그들이 한국학교를 마다하는 가장 근본적인 이유는 한국 학교교육에 대한 불신인 것이다. 또한 그 불신은 한국 학교교육의 부정적인 요소에 기인한다. 그 부정적인 요소는 이미 여러번 앞에서 제시된 바 있는데, 여기에서는 이의 시정을 위해 몇 마디 제언을 하고자 한다.

첫째, 교사가 변해야 한다. 교사는 매, 폭언, 체벌과 같은 폭력에 의존하여 학생들로부터 권위를 인정받으려는 태도를 버려야 한다. 대신 학과목을 잘 모르는 학생들에게 친절히 가르쳐 주어야 한다. 비록 유치한 질문이라도, 그 질문을 무시하지 말고 친절히 대답해 주어야 한다. 교사들이 이 사회에 존재하는 이유는 모르는 학생들에게 가르쳐주기 위함이다.

언젠가 외국에 거주한 지 4년 남짓된 한국인 중학생을 만난 적이 있었는데, 학생에게 한국에 가고 싶지 않느냐고 물으니까 그 학생은 아주 단호하게 아니라고 대답했다. 이유인즉, 한국선생님들은 거칠지만 미국선생님들은 친절하기 때문이었다. 결과적으로 한국의 교사들은 폭력을 사용하여 스스로의 권위를 떨어뜨리고 있다. 사회는 점점 폭력을 허용치 않는데, 오로지 학교만이 변함이 없다. 교사들은 서둘러 친절로써 스스로의 권위를 찾도록 노력하여야 할 것이다.

둘째, 교육의 개방이다. 현재 세계화를 부르짖으며 모든 분야에서 개방을 부르짖고 있다. 여기서 말하는 교육의 개방은 외국의 학교나 학원을 우리 나라에 개설하도록 허가하라는 의미의 개방이 아니다. 우리 나라에서 교육받기를 원하는 외국인들에게 기회를 주자는 것이다. 현행 교육법에 의하면 외국인에게는 한국인 학교의 입학을 허가하지 않고 있다. 물론 지금까지는 그럴 필요성이 있었을런지도 모른다. 그러나 세계화를 향하여 한 발 한 발 내딛고 있는 현재의 시점에서 외국인에게 한국 학교교육의 기회를 부여하지 않는 것은 형평에 어긋난 처사이다. 한국의 문화를 세계에 알리고 싶다면, 어째서 외국인들에게 한국에서 교육받을 수 있는 기회를 부여하지 않는가?

한 외국인이 한국학교에 입학하여 한국어를 배우고, 한국의 역사와 문화를 익히고 훗날 자신의 나라로 돌아갔을 때, 그는 세계 속의 한국문화 전파자가 될 것이며, 한국을 지지하는 사람이 될 것임은 분명하다. 미국의 경우에는 국적을 불문하고,

미국에 거주하면 초등학교부터 고등학교까지 해당연령에 속하는 사람은 모든 학교에 입학이 가능한데, 실제 이것은 미국문화와 언어(미국식 영어)가 세계에서 상당한 영향력을 발휘하게 한 가장 큰 원동력이 되었다.

이제 우리 나라도 그 충분한 필요성도 있고, 여건도 성숙되어 있는 만큼 외국인도 한국 학교교육을 받을 수 있도록 해야 할 것이다. 미국이나 유럽의 국가들처럼 말이다. 단, 앞서 말한 교사의 변화가 동시에 이루어져야만 한다. 아무리 학교를 개방시켜 놓아도, 그들이 한국학교에 흥미를 가질 수 없다면 교육은 불가능하기 때문이다.

한 가지만 더 추가하여 제안한다면, 한국어를 배우고자 하는 외국인들이나 재외 한국인들을 위한 언어프로그램이 각 학교에 마련되어야 한다. 즉, 초·중·고등학교에 이중의 언어프로그램이 마련되어야 한다. 학교에 이중 언어프로그램을 둘 만큼 외국인 학생이 많지 않다면, 학군 단위나 구 단위로라도 외국인 학생이 쉽게 교육받을 수 있는 여건을 마련해 주어야 할 것이다.

특히 한국어교육과 정규 학교수업을 같은 학교나 가까운 학교와 연계하여 받을 수 있다면, 외국인이나 한국어에 서툰 자녀를 둔 학부모가 굳이 외국인학교를 찾아 이리저리 동분서주하지 않아도 될 것이다.

5

전진학습과 학교수업

먼저 앞으로 할 이야기가 서울이나 서울 근교에서만 일어나
는 일이기를 바란다. 대한민국의 모든 학교가 같은 지경이라
면, 우리의 앞날은 비정상적인 것이 보편적으로 되는 사회가
될 것이기 때문이다. 반드시 고쳐져야 한다는 생각에서 감히
이야기를 꺼낸다.

아이들이 중학교 3학년 과정을 마치면 연합고사를 거쳐 고
등학교에 입학하게 되는데, 내 아이도 역시 마찬가지였다. 연
합고사도 일종의 시험이라서 나는 아이가 시험을 마치게 되면
고등학교 입학때까지만이라도 쉬게 하고 싶었다. 그리고 시험

으로 인해 그 동안 하지 못 했던 체력단련과 취미생활, 기타 본인이 흥미를 갖고 있으면서도 여지껏 미루어왔던 일들을 아이로 하여금 하게 하고 싶었다.

그러나 고등학교 소집일날 학교에 갔던 아이는 집에 과제물을 한아름 안고 돌아왔다. 과제물은 입학식날 바로 학교에 제출해야 했는데, 설상가상으로 입학식 다음날에는 과제물 내용으로 시험을 치른다는 것이었다. 과제물은 국어, 영어, 수학이 주종을 이루었는데, 국어과제물 안내에는 읽고 감상문을 써야 할 단편소설과 장편소설의 목록이 수록되어 있었다.

단편소설은 십여 편, 장편소설은 3편이었다. 읽어야 할 단편소설 목록을 보니, 내가 학교 다닐 때 명작이라며 읽어야 한다고 했던 그 책들 그대로였다. 그러나 나름대로 책에 대한 평가를 내릴 수 있는 성인이 된 지금에는, 한때 명작으로 추천되었던 그 책들이 과연 지금 세대의 아이들에게도 명작으로서의 가치가 있는지, 아직 정신적으로 성숙되지 않은 성장기 아이들에게 읽힐 만한 가치가 있는 작품들인가 의심스러웠다. 대부분의 주제나 소재가 불륜과 검은 뒷거래에 관한 것들이었다.

나뿐만이 아니라, 내가 만난 대부분의 학부모들이 아이들에게 읽힐 책을 바꾸어야 한다고 생각하고 있었다. 아이들의 부모들이 어렸을 때 활동하던 대부분의 작가들은 일제시대의 작가였지만, 지금은 세상이 많이 달라졌고, 그만큼 새로운 시대의 새로운 문학이 많이 쏟아져 나왔다. 이제 교사들의 노력으로 아이들에게 추천할 책들을 다시 찾아야 한다고 생각한다.

무엇보다 그 많은 작품을 불과 1개월도 안 되는 기간 동안에 읽고서 감상문을 쓴다는 것은 불가능했다. 물론 그 책들 중에서 한 권만 선택하라면 가능하겠지만 말이다. 장편 하나를 읽어도 아이들에게는 그리 넉넉한 시간이 아닐진대, 정작 그 많은 책들을 어떻게 읽을 수 있겠는가?

결국 아이들은 시중에 나와 있는 한국 장·단편소설의 요약서를 구입하여 해결하는 수밖에 없다. 아무래도 질보다는 양이 최고인가? 아이들이나 학부모들이나 우리네 교육은 질적인 교육이 아니라, 양적인 교육을 중시한다는 것을 새삼 깨달았다.

수학의 경우엔 더욱 심각했다. 이제 막 중학교를 마친 아이의 실력으로는 도저히 풀 수 없는 문제들을 풀어오라는 것이었다. 아이가 너무 난감해 했다. 착실하게 중학교 공부만을 해왔던 아이로서는 좌절하지 않을 수 없는 문제였다. 그 문제들은 고등학교 과정의 수학을 어느 정도 해두지 않았으면 풀 수 없는 문제들이었다. 상황이 이렇게 되면 학부모들은 아이가 중학생일 때부터 학원을 다니게 하거나, 과외를 하게 해서라도 아이에게 전진학습을 시키고 싶어진다. 대학입학 시험에 좋은 성적을 거두기 위해서라는 명분을 내세워, 아이들에게 아직 배우지도 않은 내용을 과제물로 내주고는 그들 스스로가 학원을 찾아가거나, 과외를 하도록 유도하는 교육현실! 이것이 바로 우리 나라 학교교육의 현실인 것이다.

영어과목도 예외는 아니었다. 중3 실력으로는 할 수 없는, 고등학교 후반의 수능시험에 대비한 수준의 과제물이었다.

  전진학습에 대한 엄마들과 학교측의 입장은 각기 다르다. 엄마들 이야기로는 학교에서는 아이들이 미리 학습을 해가지고 오는 것으로 간주하여 수업을 앞질러 나가거나, 대충대충 지나가기 때문에 할 수 없이 아이를 학원에 보내거나, 과외를 시키지 않을 수 없다고 한다. 실제로 대부분의 학원이 아이들에게 학교에서 배울 내용을 앞당겨 가르치는, 이른바 전진학습을 강행하고 있기 때문에, 엄마들도 어쩔 수 없다는 이야기였다.

  반면 교사들은 학부모들이 아이들에게 너무 앞질러 공부를 시키기 때문에, 수업시간에 교과과정대로 수업을 하다보면 아이들이 흥미없어 하고 집중을 못 한다고 한다. 그래서 교사들은 수업 내용을 자세히 할 필요를 느끼지 않고 대충대충일 수밖에 없다는 것이다.

  결국 학부모들과 교사들의 입장은 계속 악순환일 수밖에 없고, 그 사이에서 아이들은 지식의 편법적인 전달에 시달리고, 학교수업을 등한시하게 되는 것이다.

  이대로 두어서는 정말 안 된다. 이러다가 아이들은 직업에 대한 정상적인 책임감과 성실함을 배울 수가 없게 된다. 온갖 비정상적인 방법을 동원하여 눈에 보이는 결과만을 추구하는 왜곡된 사회현상을 본받게 될 뿐이다.

  고등학교 소집일날 아이가 들고온 과제물이 차라리 중학교 교과과정을 정리하는 수준이었다면, 훨씬 교육적이고 아이들에게 도움을 주었으리라고 생각한다. 착실하게 중학교 교과과정을 공부한 아이들이 받을 마음의 상처와 무기력감, 그리고 좌절감은 어떻게 달래줄 것인가? 학생들이 받을 마음의 상처에는 아랑곳 없이, 또 대책도 없이 학교는 학생들에게 그렇게 마냥 무성의하기만 한 것이다.

학교는 각 초·중·고등학교 교과과정에 맞는 수업을 통하여 아이들에게 지식을 전달하여야 할 것이다. 만일 학부모들의 도움이 필요하다면 모임이나 서신 등을 통하여, 아이들이 정상적인 교과과정을 밟아갈 수 있도록, 최초의 학습은 학교에서 이루어지도록 학부모들이 학교를 믿고 따라와 줄 것을 부탁할 수도 있을 것이다. 물론 당장에 이루어지는 일은 아닐 것이다. 그러나 지금부터라도 교사들은 수업시간에 전진학습된 아이들의 수준에 맞추어 수업할 것이 아니라, 학습이 처음 시작되는 자세로 학생들을 성심껏 가르치고, 학부모들은 학교를 믿고 아이들이 편안하게 학교생활에 임할 수 있도록 돌봐준다면 우리 나라 학교교육의 정상화는 결코 불가능한 일이 아니다. 학교교육의 정상화란 다름아닌, 바로 아이들이 학원이나 과외를 통하여 새로운 지식을 배우는 것이 아니라 학교선생님을 통해서 새로운 지식을 배우며, 자신에게 배움을 주신 선생님을 저절로 존경하게 만드는 일인 것이다.

아무리 생각해도 학원강사보다는 학교선생님이 훨씬 낫지 않겠는가? 학교교사가 되기 위해서는 우선 교사자격증을 소지해야 하는데, 교사자격증을 갖기 위해서는 전공과목뿐 아니라 교육전반에 대한 공부를 해야만 한다. 그러나 학원강사는 전공에 관계없이 아이들을 가르칠 뿐 아니라, 가르치는 것도 요령 위주여서 얼핏 아이들 스스로가 안다고 여기는 것도 실제

로는 아이들이 기초적인 원리나 개념도 모르고 넘어가는 경우
가 허다하다. 더 심각한 문제는 학원에서 한번 배웠다고 생각
한 아이들이 정작 수업시간에는 교사에게 집중하지 않고 딴짓
을 하기 때문에 착실하게 수업을 받는, 새로운 내용을 배우려
는 정상적인 학생들은 교실이 소란스러워 선생님의 이야기조
차 들을 수 없다는 점이다.

　　나는 전진학습이 성행하는 데에는 대학별 본고사가 한몫 했
다고 생각한다. 교과서를 착실히 공부해도 풀 수 없는 어려운
문제들로 입시를 치러야 하는 아이들이 정해진 기간 동안에
많은 학습을 하기 위해서는 전진학습이 하나의 방법이 될 것
이다. 만일 대학입시에서 본고사가 없어진다면, 지금의 폐단은
사라지리라.

　　학교시험이나 대입수능시험이나 모두 교과서를 성실히 학습
하여 100% 이해하는 학생에게는 100점 만점을 기준으로 90점
정도는 나올 수 있는 문제들로 이루어져야 학교수업이 정상적
으로 돌아갈 수 있을 것이다. 부족한 과목에 대한 보충으로서
의 학원수업이나 개인지도는 긍정적일 수 있지만, 학부모나
학생들이 학교수업을 불신하게 만드는, 전진학습만을 위한 학
원수업이나 과외는 기필코 지양해야 한다. 학교가 제기능을
정상적으로 할 때 학교를 졸업하고 사회로 진출한 사람들이
정상적인 사고로 우리 사회를 정상적으로 이끌어 나갈 수 있
을 것이다.

6

학원이 이끄는 학교교육

새 학년이 되면 학부모회의가 소집되고, 공식적으로 학부모와 교사가 면담할 기회가 생긴다. 중학교 3학년 아들을 둔 어떤 엄마가 학교를 방문하였는데, 아이의 담임이 아이의 엄마에게 물었다.

"아이를 어떻게 지도하고 계십니까? 어느 학원에 보내고 있습니까?"

고등학생을 둔 다른 엄마도 학교를 방문했을 때, 아이의 담임으로부터 이와 같은 질문을 받았다고 했는데, 아마도 교사들은 학생들이 어느 학원에 다니고 있는지 관심이 많은 것 같다. 그럴 만한 이유라도 있는가?

새 학기가 되면 학교장이 교사들에게 회식을 베푼다. 교장은 자리에 모인 교사들을 둘러보며 말한다.

"이 식사는 ○○학원에서 제공합니다."

그리고 각각 돈이 들어있는 봉투를 교사들에게 나누어준다.

교사들은 그 의미를 즉각 알아차린다. 그들이 해야 하는 일이라곤 돈봉투를 챙기는 것과 학생들에게 ○○학원을 소개시키면 되는 것이다.

초등학교에서는 영어와 컴퓨터가 방과후 특별수업으로 성행하고 있는데, 아이들이 수업시간에 배우지 못 하는 것을 방과후에 배울 수 있다는 생각은 매우 좋다. 그런데 문제는 이 수업이 이루어지는 과정이다.

학원장은 초등학교의 특별수업을 담당하기 위해 학교장에게 로비를 벌인다. 물론 학교의 특별수업료는 학원에서 받는 수강료보다 대폭 싸게 책정한다. 그런데 여기에 함정이 있다. 수업료가 싸기 때문에 많은 아이들이 배울 수 있겠지만, 결국 그 수업은 만족할 만한 성과를 거두지 못 하게 된다. 자녀가 많은 것을 배우기를 기대하는 엄마들은 결국, 그 수업을 담당한 학원으로 자녀를 보내게 된다.

학원장이 벌이는 로비의 가장 중요 핵심은 교장의 말 한 마디를 직접 이끌어내는 일이다.

"이 선생님은 ○○학원에서 오신 ○○○선생님입니다."

교장이 학생들에게 학원장을 소개만 해준다면, 로비의 효과는 당장 나타나게 되는 것이다.

　실제 요즘의 우리 아이들은 초등학교부터 고등학교까지 다니는 동안 학원의 울타리를 벗어날 수 없다. 초등학교 때에는 대개의 아이들이 음악학원, 미술학원, 서예학원, 태권도학원, 영어학원, 속셈학원, 교과서에 나오는 실험을 해보는 과학실험학원 중에서 2~3군데의 학원을 다닌다. 중학생이 되면 영어, 수학학원은 필수로 다니고 있는 것 같다. 그리고 한결같이 학원들은 중학교 3학년에게 고등학교 과정을 미리 배우도록 유도한다.

　고등학교에 가면 또 한 과목이 추가된다. 논술이 그것이다. 교과과정에는 있지도 않은 논술을 대학입시에서 본다고 하니, 논술학원의 인기는 하늘을 찌를 정도다. 사실 교육전문가들은 학교 교과목에 문제가 많다고 입을 모으고 있다. 교육전문가들은 최소한의 과목을 필수로 하고, 학생이 앞으로 전공하고 싶은 것과 관계되는 과목을 선택하여 수업을 들을 수 있어야 한다고 말한다. 사정이 이러할진대, 논술도 하루빨리 학교 교과과정에 채택되어야 할 것이다. 교과과정에도 없는 논술이 대학입시에서 큰 비중을 차지한다는 것은 앞뒤가 안 맞는 이야기인 것이다.

　사정이 이렇다 보니, 논술을 지도받기 위해서 학생들은 과외를 하거나 학원에 가지 않을 수 없다. 그런데 과연 학원에서 논술 지도를 올바르게 할 수 있을까? 논술이란 절대적으로 자기 생각을 나타내는 것이고, 자기 생각을 논리적으로 나타내는 것이다. 결국 논술이란 다양한 사고력이라고도 볼 수 있는데, 실제 학원에서 말하는 논술지도는 어떤 논제에 대하여 한 가지 모범답안만을 제시하는 규격화된 것이다.

또한 대학입시의 논술이 너무 형이상학적이거나 어려운 지식을 요하는 것도 문제다. 그것보다는 실생활에서 쉽게 접하며 생각할 수 있는 소재들로 다루어져야 한다고 생각한다. 그렇다면 학생들은 논술이 결코 어려운 것이 아님을 인식할 수 있을 것이고, 굳이 학원을 찾아가지 않아도 될 것이다.

학교보다는 학원을 신뢰하게 만드는 요인 중에서 매스컴의 잘못도 지적하고 싶다. TV나 신문에서 대학입시에 대한 분석이나 평가를 보도할 때, 주로 사설학원의 담당자를 마치 입시 전문가나 되는 듯이 인터뷰하여 학부모로 하여금 교사들에 의한 대학입시 지도보다는 학원이 더 우위이며 전문적인 것으로 오인하게 만든다.

결론적으로 학원이 학교의 부차적인 기능을 한다면 별로 문제가 없겠지만, 학교가 학원에 의해 끌려가는 교육이 되어서는 안 되겠다. 또한 학원이 학교의 수업을 좌지우지하지 못하도록 학교와 교육부는 교육적 기능을 최대한으로 실천해야 한다고 생각한다. 그리고 학교장이나 교사들은 특정 학원의 로비에 냉철하고 객관적으로 판단하고 행동해야 할 것이다.

실적 위주의 고육

공원이나 고궁의 아름답도록 푸른 잔디밭에 앉아서 하늘에
떠있는 구름들을 바라보며 낭만의 날개를 펼치려 하면, 영락
없이 관리인들의 호루라기 소리가 고막을 찢는다. 잔디밭은
사람들에게 안락함을 주기 위해서 있는 것이 아니고, 단지 전
시용인 것이다.

한편 운동경기장의 잔디밭은 선수들이나 사람들이 뛰다가
넘어져도 덜 다치게 하기 위해 조성한 것이다. 그러다 보니
공원 등지에 조성된 다른 잔디밭보다는 자연 곱지 않을 것이
다. 설상가상 우리 나라의 대표적인 운동경기장의 잔디밭은
여러모로 수모를 겪는다. 간혹 소위 VIP라고 말하는 사람들이

운동경기를 참관할 경우, 잔디밭의 보존 상태가 좋지 않은 것
에 대한 책임을 면키 위하여 잔디밭과 같은 색의, 우리 나라
에서는 생산도 되지 않는 외국제 물감을 뿌려 눈속임을 한다
는 것이다. 운동경기장 잔디밭의 보존 상태가 나쁘다고 문책
을 당하는 것도 부당하다고 생각되고, 물감으로 눈속임을 함
으로써 문책을 피할 수 있다고 하는 것도 정당치 않다. 여하
튼 실제적인 도움이 되지는 않더라도, 겉보기에는 좋아야만
하는 것이 대체적인 우리 사회의 의식이다.

학교도 마찬가지이다. 학교에서는 출석상황, 환경미화, 성적,
심지어는 등록금 상황을 두고서 각 반끼리 경쟁을 벌인다. 환
경미화대회는 학생들간의 협동심을 유발시킬 수 있어서 긍정
적으로 생각되지만, 출석상황의 경우에 학생들의 성실성과 근
면성을 참고하는 데는 도움이 되더라도, 다소 억지스럽다. 학
생의 몸이 너무 아프면 집에서 쉴 수도 있다. 아니면 며칠 병
원 치료를 할 수도 있는 일이다. 무엇보다 학생의 병을 낫게
하는 것이 급선무일 텐데, 결석하지 말라는 담임의 엄한 명령
이 두려운 학생은 아픈 몸을 억지로 끌고 학교에 가게 된다.
가장 심한 폐단은 반 대항 성적대결이라고 생각한다. 반 성
적이 좋지 않은 경우에, 반 전체가 학생 개개인에게는 전혀
도움이 되지 않는 단체기합을 받게 된다. 단체기합 중에 요즈
음엔 '빽빽이'라는 것이 있다고 하는데, 그것은 학생이 공부한
흔적을 연습장 몇 페이지에 걸쳐 '빽빽이' 남겨 제출하는 것이
다. 그런데 대개의 아이들이 수고를 덜기 위하여 볼펜 몇 자

루를 한꺼번에 묶어 써서 연습장을 메꾸어 간다고 한다. 이처럼 비교육적이고 비창조적인 학습이 어디 있을까!

또 성적이 나쁜 반 아이들이 단체로 매를 맞았다고 하자. 얼마나 비인간적이고 잔인하며 개인의 능력을 무시한 처사인가? 입장을 바꾸어서 생각해보자. 교사들에게 전공과 관계없는 생소한 과목을 완벽하게 공부하라고 한다면, 그것이 가능하겠는가? 교사들을 몇 그룹으로 나누어 그룹별 테스트를 해서 그 결과로 상벌을 주겠다고 한다면, 정작 교사들은 그것이 민주적이고, 교사들 각 개인의 능력을 중시한 정당한 평가라고 하겠는가? 물론 하나의 가벼운 게임이라면 그런 것도 흥미로울 수 있겠지만 말이다.

반 대항 성적대결보다는 각 반의 성적을 총괄적으로 분석하여 어떤 과목이 어느 정도의 난이도로 아이들에게 무리가 갔는지, 문제가 아이들 수준에 맞게 출제되었는지, 각 반의 학습 태도와 어떤 상관관계가 있는지 등등 학생들의 학업성과를 아는 참고자료로 쓴다면, 좀더 나은 교육과 수업을 위해 훨씬 바람직할 것이다.

한편 요즈음엔 공립학교라도 우수교사의 경우에는 본인이 원하기만 한다면, 다니는 학교에 계속 남아 학생들을 가르칠 수 있다고 하는데, 여기서 적지 않은 문제가 발생하는 것 같다.

실제로 어떤 교사는 현재 다니는 학교에 계속 남고 싶어 속임수를 쓰기도 한다. 순전히 학교장에게 잘 보이기 위해서인데, 그래야만이 우수교사라는 소리를 듣기 때문이다. 그 교사는 자신이 담임을 맡고 있는 반의 성적을 높이기 위해, 자기 반 시험감독을 할 때면 시험도중에 교실을 잠깐 나갔다가 들어온다. 시험감독을 의도적으로 소홀히 하여, 아이들로 하여금 좋은 기회를 주기 위해서다. 다시 말해 아이들에게 컨닝할 기회를 주는 것인데, 자연히 반 성적이 오를 수밖에 없다.

또 이런 일도 있다. 자기가 맡고 있는 교과목의 시험문제를 예상문제랍시고 반학생들에게 미리 알려 준다거나, 대강의 요약을 해주어 학생들에게 시험에 대비하게 하는 것이다. 선생님의 배려(?)가 너무 지나쳤던지, 반 평균성적이 다른 반과 20점씩이나 차이가 나는 바람에 들통이 났다고 한다.

평상시에 교육에 관심이 많은 나는 교육에 관련뒤 새로 나온 책이나 TV강연 등을 유심히 보는 편이다. 최근에는 굉장한 인기를 누리고 있는 교육학과 교수의 TV강연을 보았는데, 그 교수는 현실에 고통받는 우리 아이들의 교육실정을 얘기했다. 무척 공감이 가는 부분이 있어서, 그 교수가 쓴 책을 직접 서점에서 구입하여 읽어보았다. 그러나 책제목이 꽤나 자극적이었던 반면, 책 내용은 그야말로 그 교수가 TV에서 강연한 내용이 전부일 뿐 책제목과는 거리가 먼, 특히 교육학과 교수가 교육적인 측면에서 썼다고 보기에는 너무 전문성이 없는 신변잡담식 수필이 전체의 80%나 되었다.

언제인가는 그 교수가 세계 각 나라 교수들의 저서와 논문 편수 분석 결과를 신문에 발표한 적이 있었는데, 조사에 의하면 세계에서 한국 교수들의 논문 및 저서 실적이 최하위였다. 문득 나는 내가 읽은 그 책도 교수 자신의 저서에 포함시켰을

까 하는 의심이 들었다. 분명 내용과는 상관없이 숫자상으로
는 포함시켰을 것이다. 그러나 누가 뭐래도 교육에 관한 한은
숫자보다는 질로 평가하는 풍토가 마련되어야겠다는 생각이
든다.

　대학입시가 끝나면 각 신문에서는 고등학교 별 대학입학 현
황을 앞다투어 보도한다. 각 고등학교에서 서울대학교에 몇
명이 합격했느냐에 따라, 그 숫자가 많으면 많을수록 그 고등
학교는 명문이 된다. 그러나 우리는 그러한 숫자상의 보도로
인하여 많은 아이들이 선생님들로부터 자기 적성과는 관계없
이 무조건 서울대에 원서를 집어놓도록 강요당하고 있다는 사
실을 눈치채야 한다. 학생이 자기의 적성을 고려하여 서울대
학교가 아닌 다른 대학교에 지원하면 교사들은 이렇게 이야기
하기 십상이다.
　"서울대 ○○과에 가보고, 정 적성에 맞지 않으면 재수하면
되잖아!"
　대다수의 교사들은 학생이 서울대에 갈 성적이 되기만 하
면, 학생이 원하는 전공과는 상관없이 무조건 합격시키고 보
자는 식이다. 고3 교사들에게는 대학입시가 학생의 장래보다
는 학교의 실적에 한몫하는 기회로 여겨지기 때문이다.
　특히 최근 교육부가 발표한 교원 성과급제는 교사들간의 실
적 위주의 경쟁을 한층 부추길 것으로 우려된다. 교원 성과급
제는 교사들간의 선의의 경쟁을 유도하기 위하여, 근무성적이
우수한 상위 10%의 교사들에게 성과급을 제공함으로써 근무

성적을 제고시키려는 것이 목적이다. 물론 이러한 정책을 입안하여 실시하는 교육부 당국자의 순수한 의도는 이해할 수 있다. 그러나 적자생존의 경쟁 속에서 이윤을 추구하는 기업논리를 교육의 현장에, 그것도 교사들에게 강요하는 것은 학교와 기업의 차이를 망각한 처사라 할 수 있다. 교사들의 반응이 이를 입증한다. 보도에 의하면 많은 교사들이 이 제도에 대해 심한 모멸감을 느낀다고 한다. 얼마 안되는 돈으로 우수교사와 그렇지 못한 교사를 가르려 하기 때문이다. 나는 다른 측면에서 교원 성과급제를 반대한다. 학교는 경쟁을 가르치는 곳이 아니라, 사랑과 창의를 가르치는 곳이어야 한다. 교사에게는 학생이 훌륭한 인간으로 성장하는 것 그 자체가 보상일 수 있다. 교원 성과급제는 실적 위주의 교육을 조장하는 교육 행정의 다른 일면을 보여주는 것이다.

무엇보다 실적위주의 교육과 행정은 학생 개개인의 개성을 무시하게 된다. 특히 한국교육의 문제점은 비창조적인 획일성에 있다고 이미 진단하고 있는 이때에, 창조적이고 합리적이며 민주적인 교육을 하기 위해서는 학생 각자의 개성을 존중하여야 한다. 감수성이 예민한 성장기의 학생들을 단체라는 이름하에 하나로 묶어 동일시하려는 교육은 중지해야 마땅하다. 학생 한 사람 한 사람을 진지하게 생각하며 교육시키는 풍토가 하루빨리 정착되었으면 좋겠다.

8

가정환경 조사서

어른들은 종종 아이들에게 선입견을 가지고 사람을 대하지 말라는 조언을 한다.

그 사람의 부모가 어떻기 때문에, 아버지의 직업이 무엇이니까, 그 사람이 어떤 옷을 입고 다니니까, 어느 동네에 사니까, 고향이 어디라서, 형제중 몇 째이기 때문에, 이마가 좁아서, 몸이 말랐기 때문에 등등 외관이나 배경을 가지고 그 사람을 평가하지 말라고 한다.

또 우리는 숱한 강연회나 양서 등을 통하여 친구와는 조건을 배제해야 순수한 우정을 키울 수 있고, 그 사람의 배경이나 환경보다는 그 사람의 마음을 먼저 만나야 진실한 인간 관계를 유지할 수 있다고 들어왔으며, 그것을 실천하고자 노력한다. 그런데 교사와 학생 간에는 선입견이 개입할 여지가 다분히 있다.

학년초가 되면 연중 행사처럼 학생들에게 가정환경 조사서가 발부되고, 학부모는 그 조사서를 성의껏 작성하여 학교에 보낸다.

내가 초등학교 때 쓴 가정환경 조사서와 내 아이의 가정환경 조사서를 비교해 보면 별반 달라진 것이 없다. 단지 내가 학생이었던 시절에는 가정환경 조사서에 동산 얼마, 부동산 얼마 하는 식으로 비교적 간단하게 작성하면 되었는데, 요즈음엔 항목을 세분화하여 주거면적 몇 평, 자동차 소유 여부, 피아노 소유 여부, 컴퓨터 소유 여부, 심지어 주거 상황에서는 자가, 전세, 월세를 표시토록 하고 있다. 부모의 학벌과 직업, 직책을 쓰는 것은 예나 지금이나 똑같은데, 그 옛날 나는 어린 마음에도 아버지의 학벌이 초등학교까지라든가, 직업이 변변치 못하다든가, 재산이 없는 아이들은 어떤 심정으로 조사서의 빈 칸들을 메꾸어 갈까 생각하면 마음이 편치 않았다.

교사들은 학생들을 보다 빨리 파악하고 이해하기 위해서 가정환경 조사서가 필요하다고 한다. 또 가정환경 조사서는 학생에게 문제가 생겼을 때 가장 빠른 참고 자료가 된다고 한다.

그러나 과연 교사들이 학생들을 이해하기 위하여 가장 먼저 가정환경 조사서를 사용할까?

대개 학년초가 되면 각 반 학생들의 어머니들이 모여서 자치적으로 어머니회나 육성회를 조직하도록 되어 있다. 그러나 교사들은 이미 가정환경 조사서를 참조하여 어머니회나 육성회에 참여할 학부모들의 명단을 미리 작성해 놓는다. 그뿐 아니라 반 아이들이 자율적으로 투표하여 선출하게 되어 있는 반장, 부반장도 가정환경 조사서를 토대로 한 담임의 입김이 작용하여 선출되는 것이 태반이다.

이제는 교사로 하여금 학생을 이해하기보다는 다른 용도로 악용되는 가정환경 조사서의 불필요한 항목들을 과감히 없애야 한다고 생각한다. 학생을 평가할 때 부모의 학벌, 직업, 직책, 재산의 정도에 의해 편견을 갖는 것은 바람직하지 않다. 왜냐하면 학생은 학생 그 자체로 존중되어야지, 부모의 재산 정도나 직업에 의해 변별되어서는 안 되기 때문이다. 교사와 학생의 순수한 관계를 위해서도, 진정 학생을 이해하는 데 도움이 되는 새로운 가정환경 조사서의 작성이 시급하다.

더구나 학생에게 문제가 생겼을 때 가정환경 조사서가 우선적으로 참고가 된다면, 더욱더 그 내용에 대해 진지하게 생각하지 않으면 안 된다. 자칫 가정환경 조사서는 교사로 하여금 문제 학생에 대한 편견을 갖게 하기 쉬운데, 그보다는 학생의 부모와의 만남이 더욱 우선적이어야 하고, 학부모와의 대화를 통하여 학생의 문제를 함께 해결하도록 하는 것이 교육적 차원에서도 가장 바람직한 효과를 기대할 수 있을 것이다.

따라서 가정환경 조사서에는 부모의 이름, 주민등록번호, 주소, 전화번호, 비상시 연락 가능한 이웃이나 친지의 전화번호, 친한 친구의 이름과 전화번호, 학생의 형제 자매 정도로만 기록해도 충분하다고 생각한다. 부모의 직업, 학벌, 직책, 재산 정도는 절대적으로 필요가 없는 것들이다. 그러한 사항들은 아무래도 악용될 소지가 많다.

　학창시절 마음이 불편했던 순간들을 아직도 생생하게 기억하고 있다. 반 아이들이 모두 함께 있는 자리에서 선생님이 엄마 또는 아빠가 없는 아이들은 손들어 보라고 했던 일, 또 부모의 학벌 별로 줄을 서게 했던 일 등등……．
　통계를 내기 위해서였다고 생각할 수 있겠지만, 그러나 당시 교사들은 학생들의 자존심에 대해서는 전혀 생각지 않았다. 가정환경 조사서에 이미 모두 기록되어 있던 사항들이었는데, 굳이 아이들 모두가 있는 자리에서 그럴 필요가 있었을까? 지금 생각해도 너무 씁쓸한 기억이다. 더욱이 아직도 그런 일들이 학교에서 종종 일어난다고 하니, 앞이 캄캄할 뿐이다. 제발 환경이나 배경 때문에 교사들이 아이들의 자존심을 다치게 하는 일은 없었으면 좋겠다. 그래야만이 학생과 교사의 관계가 마음과 마음이 닿는 순수한 관계로 이어질 수 있을 것이다.

9

확성기 문화와 교육

온 나라가 소음으로 가득 차 있다.

도로마다 차량의 엔진소리, 경적소리, 공사로 인한 중기소리, 굴착기소리, 철주박는 소리, 오토바이의 폭주소리, 장사꾼들의 트럭에 달린 확성기소리, 경찰의 호각소리 등 깊은 산속을 제외하곤, 아니 심심산곡이라고 예외할 것 없이 어디에나 소음이 퍼지고 있다.

특히 봄철부터 단풍이 지는 늦가을까지 이어지는 행락철에는 행락객들의 노랫소리와 확성기소리가 곳곳에서 우리의 머리를 혼란하게 만든다.

오랫동안 소음 속에서 살았으니 이제 만성이 됐을 법도 한데, 아직도 급작스런 자동차 브레이크 소리에 소름이 돋는다. 문을 열어 놓고 지내야 하는 여름에 한밤중의 차소리 때문에 잠을 설치기 십상이다.

우리 귀에 들리는 수많은 물리적인 소음들 중에서 확성기소리에 대하여 한번 생각해 보고자 한다. 대체적으로 다른 소음들은 듣기는 싫어도 필요에 의하여 발생되는 소리이다. 차소리, 공사장 소리, 구급차의 사이렌소리 등은 그 나름의 구실이라도 있다. 그런데 확성기소리는 불필요한 경우가 더 많다. 그리고 소음 중에서도 가장 우리를 괴롭히는 소음이 바로 확성기소리이다. 아무리 아름다운 자연의 소리를 담더라도 확성기를 통해 들으면, 소음이 따로 없다는 생각이 든다. 새소리, 물소리를 공원의 확성기를 통하여 흘려 내보내는 것이, 과연 사람들의 휴식을 위하여 만든 공원의 제 기능에 도움이 될까 의심스럽다(실제로 논란이 된 적도 있다).

실상 우리는 확성기문화에 분별력없이 젖어 있다. 하나 하나 예를 들어보고자 한다.

단체관광의 경우 통솔자는 사람들을 통제하기 위해 주로 확성기를 사용한다. 확성기는 주위에 있는 다른 사람들에게 주는 불쾌감이 큰데, 장소가 고궁일 경우에는 더욱 심하다. 아무래도 고궁과 확성기가 어울리지 않는 것이다.

내 기억에 70년대 가보았던 ○○섬이 무척 아름답게 남아 있었다. 그래서 지난 90년대 초에는 결혼기념일을 맞아 하룻밤 묵을 예정으로 남편과 ○○섬을 찾아갔다. 많은 사람들의 방문으로 잔디밭이 20년 전보다 많이 훼손되기는 하였지만, 깨끗한 북한강에 둘러싸인 ○○섬은 여전히 아름다왔다. 섬 주위를 산책하며 남편과 모처럼의 한적함을 즐겼다. 잠자리는 미리 ○○섬 호텔에 예약을 해두었으므로 걱정하지 않아도 되었는데, 그러나 문제는 정작 다른 데 있었다.

밤 10시경 잠자리에 들었으나, 인근에 위치한 나이트클럽의 확성기에서 나오는 음악 소리에 도저히 잠을 이룰 수 없었다. ○○섬에 놀러온 사람들을 유인하기 위하여, 나이트클럽의 소재를 알리기 위하여 음악을 크게 틀어 놓았으리라 이해도 되어서 참아보기로 했으나, 그 소리는 밤 12시가 넘어도 그치지 않았다. 참다 참다 호텔 안내에 전화를 넣어 항의를 했더니, 그쪽에서는 파출소로 연락을 해보라고 했다. 우리는 호텔측에서 파출소에 건의해주기를 부탁했다. 그러나 그 확성기소리는 조금도 낮아지지 않았고, 밤새 계속 흘러 나왔다.

편안한 마음으로 하루를 쉬고자 했던 계획은 산산히 부서졌다. 오히려 새벽이 되도록 소음에 시달리며 피곤만 가중시키고 돌아왔다. 돌아오는 길에 나는 그런 생각을 했다.

'섬에 나이트클럽이 있어서 수입이 과연 얼마나 더 늘어날까?'

나이트클럽의 그 확성기소리가 있는 한 그곳은 다시 찾아가고 싶지 않았다. 아마도 그 섬에서 하룻밤을 지내본 사람이면 대부분이 나와 같은 생각을 했을 것이다.

가족휴양지로 각광받고 있는 콘도미니엄에 가서도 확성기

때문에 불쾌했던 경험이 있다. 주로 가족단위로 숙박하는 그 곳에서 나는 우리 나라 부모들이 아이들의 가정교육에 얼마나 무신경한지 알 수 있었다. 로비에서 공차기 하는 것은 보통이고, 엘리베이터의 층계 표시를 마구 눌러댔다. 그래도 아이의 부모들은 아이들에게 그 어떤 제지의 말도 하지 않았다. 암만 봐도 평소에 부모들은 아이들이 공공장소에서 지켜야 할 예절에 대해서는 교육시키지 않은 것 같았다. 설사 그렇다 하더라도 아이와 공공장소에 함께 있는 시간만이라도 아이에게 산교육을 시킬 수도 있을 것이었다. 그러나 부모들에게는 그런 의지가 전혀 없어 보였다.

복도에서 밤 늦도록 뛰어다니며 노는 아이들 더분에 잠을 설친 후, 나는 아침 일찍 도시에서 느낄 수 없는 상쾌한 기분을 맛보기 위하여 가벼운 등산로로 향했다. 얼마쯤 산속으로 들어가고 있는데, 갑자기 어딘가에서 울려나오는 확성기소리에 정신을 차릴 수가 없었다. 소리 나는 쪽을 보니 그 소리는 어느 서바이벌 게임을 주도하는 회사의 확성기소리였다. 서바이벌 게임에 참석한 사람은 아무리 많이 잡아 보아도 30~40 명이 안 되었다. 그런데 그 사람들을 위해서 온 산을 흔들어대는 확성기소리라니……. 일대가 온통 소음바다였다. 소수의 만족을 위하는 것 치고는 다수의 희생이 너무 컸다.

회사나 교회와 같은 단체집단이 야외에 나갈 때, 으레 확성기는 기본인 모양이다. 어느날은 교회에서 야유회를 왔는데 노래방까지 동원해 마치 자기들 세상인 양 소리 소리 지르며 노래자랑 대회를 하는 것을 목격하기도 했다.

예를 들자면 끝이 없겠으나, 한 가지만 더 예를 들기로 한다. 지난 여름에 계룡산에 갔었는데, 동학사에서 갑사로 넘어가는 호젓한 길을 걸으며 한참을 행복해 했다. 그런데 거의 정상에 도달할 때쯤, 고요와 정적 속에서 바람에 흔들리는 나뭇잎소리와 새소리만이 하모니를 이루는 자연에 때아닌 확성기소리가 들려왔다. 그 소리는 암자에서 내보내는 독경소리로, 스피커의 성능이 어찌나 좋은지, 한참을 걸어도 그 독경소리가 온 산을 쩌렁쩌렁 울려댔다.

도대체 그 깊은 산속에 독경소리를 크게 울려서 얻는 것이 무엇인지 이해할 수가 없었다. 나는 자연을 만나고, 자연과 대화하고 그 속에서 위안을 얻고 싶었을 뿐이었는데, 그 독경소리로 말미암아 마음만 심란해져 돌아왔다. 원래 불교의 참선이란 세상과 격리된 고요 속에서 이루어지는 것이라고 알고 있는데, 오늘날의 불교는 그렇지 않은가 보았다. 나이트 크럽에서 확성기로 현란한 음악을 크게 내보내서 사람을 유인하는 방법이나, 암자에서 불경을 확성기에 담아 사람을 유인하는 것이나 그 목적은 같다는 생각이 들었다.

어찌하여 우리는 우리의 국토를 온통 소음 범벅으로 만드는가? 학교 교육에서 그 원인을 찾는다면 논리의 비약일까?

우리는 어렸을 때 온 동네가 떠나갈 듯 울려대는, 학교 확성기에서 나오는 노랫소리를 들으며 등교했다. 요즈음에도 그렇지만, 당시 동네사람 어느 누구도 학교의 소음에 대하여 항의하지 않았다. 최소한 일주일에 한번 이상 하는 조례시간에 모든 학생들을 앞에 놓고 "차렷!" "열중쉬어!" 하며 교사들이 아무리 마이크를 대고 고래고래 소리를 질러 동네를 시끄럽게 하여도, 사람들은 모두 당연한 것으로 받아들였다. 동네사람들은 상당히 관대했다. 그래서일까? 확성기를 너나없이 애용하고, 남에게 피해를 주는지 안 주는지 생각조차 않는 마음이 바로, 초등학교의 확성기로부터 비롯되었다는 생각이 드는 것은…….

요즘도 마찬가지이다. 교사들은 학교 확성기가 이웃 주민들에게 얼마나 큰 소음을 주는지 깨닫지 못 하고 있다. 그런 교사들에게 교육을 받은 아이들은 장소와 때를 가리지 않는 고성방가가 남에게 피해를 준다는 사실을 생각지 못 한다.

나는 초등학교와 중학교가 나란히 있는 학교 바로 앞에 살고 있는데, 일주일에 한번 정도 하는 조례시간 전에 아이들이 조잘대며 떠드는 소리는 참으로 아름답게 생각한다. 그러나 마이크를 통해 들리는 교사들의 구령소리는 정말로 듣기 싫다. 부드러운 목소리는 그런대로 괜찮지만, 학생들을 야단친다거나 줄을 똑바로 서게 하기 위하여 교사가 확성기를 통하여 지르는 소리는 정말, 정말 듣기 싫다. 그 교사는 한번 자신의 목소리가 남들에게 어떻게 들리는지 녹음을 해서라도 들어봐야 한다. 마이크를 잡는 태도를 개선하기 위해서, 이것은 좋은 방법이 될 것이다.

지난 여름, 집앞 초등학교에서 일부 학생들을 대상으로 1박 2일 캠핑을 한 적이 있었다. 그런데 물론, 프로그램 자체는 교육적일 수 있겠으나, 진행과정에서 교육적인 배려가 전혀 없었다. 저녁 때쯤 운동장에서 시작된 프로그램은 밤 11시가 넘도록 진행되었는데, 확성기를 통하여 구령과 음악소리가 계속 들려왔다. 그 음악소리는 굉장히 빠른 템포로 춤을 추기 위한 곡이었다. 견디다 못한 나는 학교로 전화를 했다. 처음에는 평교사가 전화를 받았었던지, 불평을 이야기하자 교감선생님을 바꾸어 주었다. 수화기를 받은 교감선생님은 다소 시끄럽겠지만, 아이들과 약속한 프로그램 진행상 어쩔 수 없으니 조금만 참아달라고 했다.

물론 그 교감선생님은 그렇게 함으로써 아이들과의 약속은 지켰을지 모르나, 분명 다른 차원의 교육적인 기회를 상실했다. 첫째, 프로그램을 계획할 때, 이웃에 대한 배려를 함으로써 아이들에게 다른 사람의 권리도 중요하다고 가르쳐야 했다. 둘째, 비록 계획을 실행중이라 하더라도 남에게 피해가 된다면, 그 피해를 줄이기 위한 다른 대안, 즉 프로그램을 일찍 끝내거나 실내로 장소를 옮겨 실행하거나, 최소한 확성기 없이 프로그램을 진행함으로써 학생과의 약속도 지키고, 이웃의 권리도 존중할 수 있어야 했다. 다른 사람에게 피해가 된다면 바로 타협과 절충을 할 수 있는, 최소한의 예의를 학생들에게 가르쳐야 했다.

일선 교육을 책임진 교감선생님이 남에 대한 배려를 우습게 알고 소음을 일으키는 것을 당연한 것으로 알고 있을 때, 그들에게서 교육받고 자란 아이들이 장차 어떠할 것인지는 말할 필요가 없을 것이다.

교육을 책임진 당사자인 교사들이 남의 권리에 대한 배려를 충분히 해주면 좋겠다. 그래서 조회시간마다, 체육시간마다 이웃이 당하는 괴로움이 하루빨리 해소되기를 바란다.

그것은 전혀 불가능한 일이 아니다. 학교마다 강당과 실내체육관이 있다면 가능하다. 요즈음 각 교실마다 VTR 시설을 해놓고 교장실에서 방송을 통해 조회를 하는 학교가 많은데, 나는 이 방법이 옳다고 생각지는 않는다. 여러 사람이 한 장소에 모였을 때, 지켜야 할 기본적인 태도 및 공공질서에 대한 교육이 이루어질 수 없기 때문이다. 교육적 면이 전혀 배제된 채 일방적인 학교장의 지시사항만이 있을 뿐이다.

전교생이 모일 수 있는 강당은 학교에 필수리고 생각한다. 전교생이 모일 때면 질서의식을 배우고, 전교생이 참여하는 학예회를 통해서는 발표하고, 관람하는 데에 필요한 기본 자세를 배울 수 있기 때문이다.

더욱 중요한 것은 마이크는 실내에서만 허용되고, 확성기를 통하여 소리가 외부로 나가는 것은 남에게 폐를 끼치는 즉, 남의 권리를 침해하는 행위라는 인식을 아이들이 갖게끔 하는 것이다.

다시 한번 학교에는 반드시 강당과 체육관이 있어야 한다는 이야기를 하고 싶다. 더 이상 예산 문제를 탓하지 말아야 한다. 교육의 의지가 있다면 국민이 내는 교육세를 급식시설 설치와 같은 쓸데없는 데에 낭비하지 말고, 진정 교육적으로 필요한 시설에 우선적으로 할애하여야 할 것이다.

소음과 확성기 소리에 찌든 우리 국토를 조용한 아침의 나라로 불리웠던 그때, 그 위상으로 되찾을 수 있도록 교육자들이 먼저 각성하여 이웃에 대한 의식을 가져야 할 것이다. 더불어 확성기 사용에 관한 적절한 법적 규제가 만들어졌으면 좋겠다.

10

학교 주변의 폭력 근절

노태우 전대통령이 비자금 조성과 관련하여 뇌물수수 혐의로 구속될 즈음인 지난 11월말에 신문의 한 구석에는 학교 주변 폭력을 근절하라는 김영삼대통령의 지시가 실렸다. 또한 며칠 뒤인 12월 2일자 신문에 전두환 전대통령을 12·12 사태 및 5·18사건의 주범으로 소환하기로 했다는 보도가 온 지면을 장식했을 때에는, 학교 주변 폭력 근절을 위한 대책 마련을 위해 총리 주재로 관계 장관회의를 열었다는 보도가 삼단 기사로 실렸다.

참석관계 장관들은 교육부, 내무부, 법무부 장관 등으로 교육부는 피해 신고센터를 설치, 피해학생 보호와 폭력 예방 활동을 강화하기로 하고 학부모, 상담자원봉사자, 운영위원회 등을 통해 폭력 예방에 주력하기로 했으며, 내무부와 법무부는 경찰, 검찰을 통해 교내 폭력과 불량 서클을 단속하고 문화체육부는 영화, 비디오 등에 대한 심의와 폭력 음란물 단속을 강화하기로 했다고 보도했다.

또한 최근 TV에서도 학교 주변 폭력의 심각함을 수차에 걸쳐 다루고 있는데, 무엇보다 이러한 현실에 안타까움을 금하지 않을 수 없다. 우리의 자녀들이 폭력으로 당하는 심적, 육체적 고통이 전해지는 것 같다. 학교 주변 폭력이 조속한 시일내에 이 땅에서 사라지길 빈다. 국정의 최고 책임자와 관계 당국자들이 폭력 근절을 위해 그나마 관심을 가지고 있는 듯 하니 일말의 기대를 걸고 싶기도 하다.

그러나 국민들 중 얼마나 많은 사람들이 학교폭력이 근절될 것이라고 믿고 있는가? 아마도 거의 없으리라고 생각된다. 학교 폭력을 근절하라는 대통령의 지시가 있었다고 해서 폭력이 근절되리라고 믿고 있다면, 너무 안일한 생각이다. 실제 학교 폭력은 어제 오늘의 일이 아니고, 한두 사람에 의해 생긴 것이 아니다. 우리 사회의 총체적 모순이 학생들에 의해 발현된 것뿐이다. 학교 주변 폭력의 근절은 그 원인의 원천적인 봉쇄가 선행되고, 치유를 위한 오랜 기간이 소요된 후에나 가능한 일일 것이다.

학원 주변의 폭력은 환자에게 나타난 증상일 뿐이다. 그러므로 폭력을 단속하고, 폭력배를 잡아 감옥에 가두는 것은 단지 그 증상의 치료에 불과할 뿐, 병에 대한 근본 치료는 되지 못 하는 것이다. 병의 완전한 치료를 위해서는 병의 원인을 파악하여 그 원인을 제거하고, 쇠약해진 몸이 건강해지도록 영양을 보충해 주어야 한다.

그렇다면 과연 학교 폭력의 원인은 무엇인가?

그것은 우리 사회의 폭력에 기인한다. 우리 사회 전체가 폭력에 의하여 위협받고 있다. 말에 의한 폭력, 물리적인 폭력, 돈에 의한 폭력, 집권 남용에 의한 폭력, 비리에 의한 폭력, 성적 타락에 의한 폭력 등등 온갖 폭력이 가정에서, 학교에서, 각종 단체에서, 정부기관 등에서 공공연히 벌어지고 있다.

그중에서 몇 가지만 구체적으로 언급한다면, 첫째로 최고 권력자의 폭력을 들 수 있다. 대통령이 되기 위하여 폭력으로 권력을 탈취한 경우이다. 그들은 자기 상관을, 동료를, 부하를 총칼로 위협, 협박하고 처치하여 권좌에 올랐다. 그후로는 국민을, 공무원을 그리고 언론을 매수하여 자리를 지키고자 했다. 그런 최고 권력자가 광복 이후 6명 중에 4명이나 된다.

한때 어떤 집권자가 범죄와의 전쟁을 선포한 적이 있었는데, 당시 그 범죄와의 전쟁에서 승리하리라고 믿었던 사람은 없었을 것이다. 왜냐하면 국민들은 바로 그 자가 범죄자임을 다 알고 있었기 때문이었다. 설사 그가 범죄자가 아니었다 할지라도, 범죄와의 싸움은 어느 한 사람이 선포함으로써 될 일이 아니었다. 더구나 폭력을 휘둘렀던 사람이 어찌 폭력을 다스릴 수가 있겠는가? 나라의 가장 큰 어른이 폭력을 휘두르는데, 하물며 학생들인들 어찌 보고 배우지 않을 것인가? 대통령의 폭력은 그가 거느리고 있는 정치인이, 고위공무원이 배울 것이요, 정치군인들이 그리고 줄줄이 아랫사람들이 배울 것은 당연하다.

사회 폭력 중에서 둘째로 꼽아야 할 것은 공직자, 좀더 구체적으로 표현하자면 공무원의 폭력이 될 것이다. 공직자의 불의와 부패는 건설비리 등을 잉태하였고, 바로 그 산물이 성수대교와·삼풍백화점 등의 대참사였다.

청와대에서, 감사원에서, 검찰에서, 경찰에서, 정부 각 부처에서, 지방 행정기관 등에서 많은 공무원들이 공권력인 인허가권, 감독권을 무기삼아 폭력을 행사한다. 그들이 폭력을 휘두르는 것은 원하는 것이 있기 때문이다. 바로 돈과 복종이다. 그 결과 그들은 돈을 얻을 수 있겠으나, 동시에 국민들의 원성도 얻을 것이요, 부패한 양심에 가책조차 느끼지 못 하는 마비증세를 얻을 것이다.

또한 폭력은 폭력을 자행한 당사자들의 불행만 초래하는 것이 아니라, 이 사회의 불행을 초래한다. 이 나라의 맑은 물이 썩어 악취를 풍기고, 나라 방방곡곡에 쓰레기가 넘치고, 온 바다에 기름이 흘러 넘친다. 달리던 기차가 폭삭 주저앉고, 비행기가 추락하고, 여객선이 침몰하고, 다리가 무너지는 것도 마찬가지의 경우이다. 건물이 무너지고, 가스가 폭발하고, 공사 중인 지하철 현장이 폭발한다.

단언컨대 공무원의 폭력이 사라지지 않는 한, 학교 주변의 폭력은 절대로 근절될 수 없을 것이다.

한편 공무원의 폭력을 부추기는 자들이 있다. 바로 기업인들이다. 삼척동자라 할지라도 알 수 있는 일이지만, 고위 공무원에게 뇌물을 바친 기업인은 십중팔구 그에 해당하는 특혜를 받는다. 아니면 그 이상의 대가를 다른 곳에서 끌어내기 위해 먹이사슬을 형성하면서 온갖 비리와 부정을 자행하고, 건전한 시민 정신을 오염시킨다. 오염된 사회환경에서 번성하는 독버섯이 향락이요, 윤리적 타락이요, 그 중독 증상의 일부로 나타나는 것이 바로 청소년, 학생들의 폭력사례인 것이다. 사정이 이러할진대, 주위의 환경이나 원인은 그대로 둔 채 학교 주변 폭력을 근절할 수 있단 말인가?

사회폭력중 세번째 폭력은 언론, 흔히 말하는 매스컴의 폭력이다. 기자들의 무책임한 기사나 남의 비리를 빌미로 벌이는 협박 등은 과거에 흔히 있었던 일이고, 일부 타락한 기자들에 국한된 얘기라고 치자. 오보로 인한 선량한 시민의 피해도 있을 수 있는 실수라고 넘겨 버리자. 젊은이들의 말초신경이나 자극하는 저속한 내용을 실어 젊은 영혼에 방종의 씨앗을 뿌리는 주간지 등은 언론의 자유를 구가하는 중에 발생한 시행착오라고 이해하자.

그러나 매스컴 중 그 영향력이 제일 막강한 TV에서 폭력을 미화하는 데는 우려하지 않을 수 없다. 요즈음의 TV 인기 드라마에는 폭력배 혹은 폭력행위들이 빠지지 않고 나온다. 드라마에 나오는 폭력배들은 모두가 최신 유행하는 패션 의상을 입고 있어 젊은이들의 눈에 멋있게 비쳐진다. 그리고 그 폭력배들은 땀흘려 일하지 않고도 아주 호화로운 집에서 살고 있고, 최고급 승용차를 타고 다니며, 최고급 음식점에서 식사

를 한다. 게다가 요즈음 TV 드라마에 나오는 폭력배 혹은 폭
력을 쓰는 주인공들은 옛날처럼 치사하고 더러운 폭력배가 아
니며, 권모와 술수를 구가하지도 않는다. 그야말로 깨끗하게
두드려 부수고 깨고 죽인다.

아직 가치관이 형성되지 않은 어린 학생들에게 깡패들이 멋
있게 보이도록 기획된 작품들이 바로 학교 주변 폭력에 많은
영향을 미친다. 오죽하면 장래 희망을 깡패라고 말하는 학생
들이 생겼을까? 매스컴과 더불어 작가들도 사회에 주는 영향
에 책임을 통감하며 작품 활동에 임해 주었으면 한다.

그리고 네번째로 지적하고 싶은 것은 학교교사들의 폭력이
다. 교사들은 아마도 자신들이 쓰는 폭력에 대하여 잘못되었
다고 생각하지 않을지도 모른다. 학생의 잘못을 고치기 위하
여 가하는 교사의 매는 오히려 열의 있는 교사의 열정으로 간
주된다. 그러나 학생이 숙제를 안 해 왔다거나, 성적이 떨어졌
다거나, 지각을 했다든가 등의 여하한의 잘못에 대하여 매를
때리는 행위도 분명 폭력이다.

임무를 이행하지 못 한 학생에 대하여 제재를 가하는 것이
법치주의 사회에서는 당연한 일이라고 한다면, 그에 걸맞는
제재를 가해야 할 것이고, 또한 그렇다고 한다면 어떤 이의도
있을 수가 없을 것이다. 그러나 매로 아이들을 다스리는 것은
타당한 처사가 아니다(수년 전의 일이지만 학생이 교사에게
매를 맞아 신체불구의 지경에 이르렀던 일이 신문에 크게 보
도된 적이 있다).

교사가 학생의 시험성적이 좋지 않아 매를 때리는 경우는

학생의 개별 능력을 무시한 폭력이다. 공부 못하는 학생을 때려서 공부를 잘하게 만들겠다고 생각한다면, 매는 영원히 학교에서 사라지지 않을 것이다. 일등과 꼴찌는 언제나 함께 존재하는 동전의 양면과도 같은 것이다.

오늘날의 어른 세대들은 모두 매를 맞았던 경험이 있으며, 다른 아이들이 매를 맞는 것을 목격하며 자랐을 것이다. 그때의 공포감을 즐겁게 회상할 사람들은 없을 것이다. 그리고 교사들도 체벌과 칭찬 중 어느 것이 교육적인 차원에서 긍정적인지 교육학 이론을 통해 익히 알고 있을 것이며, 폭력을 통한 교육은 교사가 학생에게 지식을 아무리 잘 전달시킨다 할지라도 그 모든 것들을 상쇄시키고도 남는다는 것을 알 것이다.

대개 학생들의 수업태도나 기타 행동이 불량한 경우에 교사가 학생들을 매로 다스리는 수가 많은데, 수업태도가 불량한 학생들을 다루는 것은 교사의 교육 기술에 속한다. 이를 폭력을 통해 다스릴 수는 없다. 학생 스스로 공부를 하고자 하는 동기를 부여하고, 흥미를 갖게 하며, 열심히 수업에 임하도록 만드는 기술들은 무척 많이 연구되고 보고되어 있다. 그러한 방법들을 자기 스타일에 맞게 개발하는 것이 교사의 기본적인 임무이다. 매로써, 폭언으로써 학생들의 태도를 바로잡아 보려고 하는 것은 무척 안이한 발상이다. 매를 때린 결과는 교사의 마음을 아프게 하고 후회하게 만들 뿐이다.

학부모들에 의하면 현재의 많은 고등학생들이 매(혹은 폭력)에 무감각해져 있다고 한다. 그 이유는 이미 중학교 시절에 선생님들에게 많이 맞으면서 공부한 때문이라고 한다. 일면 수긍이 가는 면이 없지 않으나, 실로 가공할 이야기이다. 얼마나 매를 맞았으면 매에 무감각해질 수 있는지…….

아이들은 이제 매를 두려워하지 않는다. 자신에게 주어진 어떤 의무를 이행하기 싫을 때, 아이들은 '한 대 맞고 말지 뭐!' 하며 도리어 폭력을 수용한다. 또한 폭력에 무감각해진 아이들이 폭력을 행사하기는 아주 쉬운 일이다. 무척이나 곤혹스러운 귀결이겠지만, 교사의 폭력은 학교주변 폭력의 한 원인이 된다고도 할 수 있다.

어떤 한 학생은 폭력배의 횡포가 무서워 자살을 했다. 어떤 부모들은 폭력배에 시달리는 자식을 유학을 보냈다고 한다. 또 교사의 매가 무서워 학교에 가기 싫어하는 학생들도 많다고 한다. 그러나 곰곰이 생각해 보면 학생들이 교사에게 맞을 이유란 거의 없다.

교사의 의무는 어디까지나 학생들을 교육시키며 학업에 대하여 성취의욕을 갖게 하는 것이지 매를 때리는 것이 아니다. 교사의 매는 당장에는 효과가 있을지는 몰라도 궁극적인 교육적 효과는 가져올 수 없다. 학생들의 수행 능력이나 태도가 남보다 뒤졌다고 해서 매를 맞는 것은 어불성설이다.

또한 교사들은 모든 학생들에게 공평하게 대하여야 한다. 물론 학생들 중에는 교사의 마음에 드는 학생도 있고, 못마땅한 학생도 있을 것이지만, 결코 그것을 드러내서는 안 된다. 특히 학부모의 치맛바람에 영향을 받는 교사는 학생들로 하여금 교사에 대하여 경멸과 적대감을 갖게 할 뿐만 아니라, 사회에 대한 인식도 삐뚤어지게 하기 쉽다. 실제로 학생들의 입을 통하여 교사들의 불공정한 처사와 차별에 대하여 듣게 되는 것은 흔한 일이다.

마지막으로 가정에서의 폭력을 들 수 있다. 매 맞는 아내가 많아서 사회적으로 문제가 되고 있다. 또한 부모된 권위를 내세워 자식을 폭력으로 다스리는 가정이 많은 것도 현실이다. 대개 매 맞고 자란 아이들이 때리는 부모가 된다는 이야기는 오래전부터 알려져 온 이야기이다. 한편 엄한 가정에서 자라는 아이들이 그 스트레스를 학교에서 폭력으로 해소하려는 경우가 종종 있다. 되도록이면 자식을 매로 다스리기보다는 대화로 자식교육에 임하는 것이 이 사회의 폭력을 없애는 길의 하나일 것이다.

내가 대학에 다닐 때 들은 어느 교수의 이야기는 참으로 인상적이었다. 아이가 어릴 때에는 엄하게 훈련시켜야 하고, 점점 크는 동안에는 아이의 자율적인 의사결정을 존중해 주어야 한다는 것이었다.

분명 우리 사회의 모든 분야에서 폭력이 횡행하고 있는데, 학교 주변의 폭력이 근절될 리가 없다. 가정에서, 학교에서, 매스컴에서, 정부에서 폭력적인 요소를 배제하고 합리적인 방법으로 일의 해결을 위해 꾸준히 노력할 때 조금씩 조금씩 학교 주변의 폭력은 사라질 수 있으리라.

급식시설과 과학실험실

초등학교 급식이 유행하고 있다. 급식하는 학교가 늘어남에 따라 우리 나라가 꼭 선진국에 가까와진 듯한 착각이 든다. 또 학교에서 급식을 하는 덕분에 많은 엄마들이 편해졌다고 하는 말을 종종 듣게 된다.

어느날 우리 아이가 다니는 초등학교에서도 학교급식에 대한 통지서를 보내왔다. 처음에는 급식에 대한 찬반을 묻는 설문지였고, 아마도 학부모들의 반응이 좋았던지 다음에는 급식시설비를 찬조하라는 통지서를 보내왔다. 급식시설을 위해서는 2억원이 필요한데, 그중의 대부분을 학부모가 충당해야 하므로 협조를 부탁한다는 내용이었다. 찬조금 액수는 최하 10

만원에서 상당한 고액까지 몇 단계로 분류되어 있었다.

나는 처음부터 학교 급식의 필요성을 느끼지 않고 있었던 터라 찬반을 묻는 통지서에 반대를 표했고, 찬조금을 낼 생각도 하지 않았다. 그러나 내심, 혹시 나로 인하여 우리 아이가 학교에서 어떤 수모라도 당하지 않을까 걱정이 되었었다.

아니나 다를까, 며칠 후 학교를 방문해 달라는 선생님의 전갈을 아이를 통하여 전해 받았다. 예상은 하고 있었던 일이었다.

학교를 찾아가 아이의 담임선생님을 만났다. 아이의 담임은 나를 설득했다.

"지금의 형편으로는 급식시설비가 터없이 부족하답니다. 아무래도 저희들로서는 학부모들의 도움을 받을 수밖에 없지요. ……미국에서 오래 살다 온 엄마들이 개성이 강한 줄은 알아요. 제 동생도 LA에 살고 있는데, 한국의 교육은 초등학교 교사들이 다 망치고 있다고 하는 소리를 하더군요. 학교 급식을 반대하시는 무슨 특별한 이유라도 있습니까?"

나는 평소의 내 생각을 이야기하였다.

"우리 아이는 제가 만들어 주는 음식을 먹고 자라기를 바래서예요."

어렸을 때 나는 일하는 엄마덕으로 집에서 일해 주는 사람이 싸주는 도시락을 갖고 다녔는데, 나는 그것이 너무 싫었다. 오죽하면 그때 그 사람이 도시락에 잘 싸주던 음식은 지금도 먹기 싫다. 어린 마음에도 나는 비록 맛이 없더라도, 좋은 음식이 아니더라도, 엄마의 정성이 든 음식이 아이들에게 가장 좋은 음식이라고 생각했다. 나의 이런 생각에도 불구하고, 아이의 담임은 급식의 필요성을 계속 설명했다.

"급식은 대통령의 지시입니다. 급식을 하는 학교의 어린이와 하지 않는 학교의 어린이의 성장 속도를 비교해보면, 급식을 하는 학교의 어린이가 훨씬 좋다는 보고가 있습니다. 아니 그보다는 댁의 따님이 아이들에게서 따돌림 받을 수가 있어요. 학교에서는 찬조를 해준 학부모에게 아이를 통해 감사의 증서를 전하고 있는데, 댁의 따님은 받지 못 하니 당연히 기가 죽지 않겠어요? 어머니께서 조금만 도와주시면 그런 일은 없을 텐데요……."

나는 의무적으로 내야 하는 것도 아닌 찬조금에 대하여 그런 식으로 강요한다는 사실이 참을 수 없었고, 아이를 기죽게 하는 것은 바로 교사들이라고 말하고 싶었지만, 선생님으로서의 자존심을 지켜주기 위해 꾹 참았다.

사실 요즘에야 집안 형편 때문에 도시락을 못 싸거나, 발육을 못 할 정도로 제대로 먹지 못 하는 학생들은 거의 없다. 오히려 물질은 너무 풍족한데, 이에 정신의 성장이 따라주지 않는다. 그러므로 아이들의 발육을 문제삼아 급식을 실시해야 한다고 하는 것은 다소 억지스럽다.

자의 반, 타의 반으로 여하튼 나는 찬조금을 내기로 했고, 최소한의 성의를 보였다. 그런데 일반 학부모들에게는 최하 10만원도 무리한 금액이다. 그래서 실제 학부모들이 10만원을 다 내는 경우가 많지 않았고, 그러다 보니 학교가 예상하고 있던 찬조금 액수에는 미치지 못 했던 것이다. 차라리 학부모

스스로 금액을 정하거나, 최하 5만원으로 책정하는 편이 더 좋았을 것이었다.

어쨌든 학교는 2억원 가량의 돈을 들여서 급식시설을 완공하였고, 학부모를 초대하였다. 학부모의 찬조금으로 마련된 급식시설을 시찰하라는 것이었다. 나도 완공식에 참석하여 급식시설을 둘러보았다. 시설이라고 해봤자 음식을 만드는 부엌이었다. 문제는 식당이 없어 식사 때마다 음식을 일일이 각 교실로 날라야 한다는 것이었다. 아무리 좋게 생각한다 해도, 식당이 없다는 것은 납득할 수 없었다. 과연 학교 급식이 아이들에게 주는 혜택이 무엇인지 자못 회의스럽기만 하다.

한편 과학실험실은 어떠한가?

아직도 교과서에 나오는 과학실험조차 제대로 할 수 없는 초등학교가 대부분이다. 초등학교 교과목 중 <실험관찰>은 가장 합리적이고 이상적으로 꾸며져 있다. 그러나 그 합리적이고 이상적인 구성도 한낱 이론적인 학습효과밖에는 낼 수 없는 것이 우리 초등학교의 자연시간이고 실험실의 형편이다. 그나마 청소나 깨끗이 되어 있으면 다행이리라. 언젠가 실험실에서 먼지가 수북이 쌓인 실험도구들을 본 적이 있는데, 사람들이 환경오염을 심각하게 생각지 않는 이유가 바로 어려서부터 그런 먼지 구덩이 속에서 자란 탓이 아닐까 싶다.

그나저나 늘 아이들의 손이 닿아야 할 곳에 웬 먼지가 그리 많은가? 도대체 아이들이 과학실험을 하고 있기는 한 것인가? 그러면서 무슨 준비물은 그리 많은지……. 대부분의 학부모들

이 아이들의 준비물로 시달린다. 초등학교에 다니는 아이에게
무슨 준비물이 그리 많은지 학부모들은 놀라지 않을 수 없다.
애써 집에서 준비물을 챙겨보려고 해도, 그것은 도저히 불가
능하다. 할 수 없이 문방구에 가서 살 수밖에 없다(문방구에
는 없는 것이 없다. 또한 한결같이 그것들은 1회용품이다. 그
것들은 너무 완벽해서 굳이 아이들이 실험해 볼 필요도 없을
것 같다).

그러나 그렇게 애써 마련해간 준비물로 아이들이 과학실에
서 실험을 직접 해보는 일은 드물다. 대부분의 초등학교 과학
실험실이 제기능을 하지 못 하고 있는 것이 사실이다. 아이들
은 <실험관찰> 교과서 안에 있는 결과란에 선생님이 칠판에
써준 것을 그대로 기록하고, 달달 외워 시험을 볼 뿐이다. 또
한 아이들이 중학교, 고등학교로 진학할수록 과학실험에는 더
욱 다양하고, 전문적인 실험기구들이 필요한데, 거의 모든 과
학수업이 특수고교 이외에는 말로 때우고 있는 것도 우리의
교육 현실이다.

나는 초등학교가 교육적 제기능을 다하기 위해서는 가장 기
본적인 시설물로 교실, 도서실, 강당, 체육관, 과학실험실 등이
있어야 한다고 생각한다. 조금 더 여유가 있다면 가정실, 음악
실, 미술실 등과 같이 특별활동을 위한 교실도 마련되면 좋으
리라.

그런데 대부분의 학교가 강당과 체육관을 갖추고 있지 않
다. 도서실과 과학실험실은 있어도 유명무실하다. 상황이 이

지경인데, 2억원이나 되는 돈을 들여 만든다는 것이 급식시설이라니, 그런 투자는 사상누각이나 다름없다. 천여 만 원만 있어도 훌륭한 과학실험실을 만들 수 있을 것이다. 문방구에서 파는 상업적이고 조잡하기 이를 데 없는 실험기구보다는 교과과정에 맞는 튼튼한 실험기구들을 넉넉히 갖추고 있는, 아이들 스스로 실험하고, 관찰하고, 결과를 얻어낼 수 있는 그런 과학실험실을 말이다.

학교시설물에 대해 조금 더 얘기하자면 둘째아이를 초등학교에 입학시킬 때나, 첫째아이를 중학교에 입학시킬 때나, 나는 생각했던 것보다 학교시설이 너무 엉망인 데 대해 놀랐다.

요즈음 조개탄으로 난방을 하고 있는 곳은 찾아볼 수가 없다. 그러나 아이들이 다니는 학교는 내가 학교를 다녔던 때와 조금도 다름없이 여전히 허술한 난방시설을 가지고 있고, 겨울날에 아이들은 여전히 떨고 있다.

언젠가 명문 사립고등학교 중에서 몇 학교를 선별하여 국가에서 지원하겠다는 발표가 있자, 부랴부랴 난방시설을 가스난로로 바꾼 학교가 몇 군데 있었다. 다행이라고 할 수만은 없는 것이, 아이들은 또 다시 명문사립을 위한 볼모가 되었던 것이다.

나라에 돈이 없다는 이유를 댄다면 공립은 그렇다 치더라도, 사립의 경우는 후세육성사업이라는 고귀한 목표를 가지고 학교를 세웠을 것이다. 그렇다면 처음 학교를 건립할 때부터 제대로 된 시설, 안락한 시설을 마련하여, 그 안에서 아이들이 교육받을 수 있도록 해야 한다. 적당히 건물만 지어놓고, 아이들을 교실에 쑤셔놓고, 칠판과 백묵으로 수업만 진행한다고 해서 교육이 이루어지는 것은 아니다. 공립학교도 마찬가지이다. 30~40년 전에는 나라에 돈이 없었던 것이 사실이다. 그러나 지금은 우리의 국력이 강해지고 나라의 재정도 많이 나아졌다. 예산타령만 하며 학교의 시설을 60년대 수준으로 유지하는 것은 2000년대를 맞이하는 국가시책으로는 어울리지 않는다. 정말 교육은 우리 나라의 앞날이라는 생각을 가지고, 가장 집중적인 투자를 해야 할 부분인 것이다.

예를 들어 중앙난방시스템으로 위험하지 않고, 항상 일정한 온도를 유지하여 학습이 잘 이루어질 수 있는 환경을 조성해 주는 것이 중요하다. 조개탄이나, 임기응변으로 달아 놓은 가스히터, 전기히터는 위험하기 짝이 없을 뿐만 아니라, 히터 가까이에 있는 아이는 더워서 정신을 차릴 수가 없고, 멀리 있는 아이는 추워서 덜덜 떠는, 수시로 끄고 켜야 하는 그런 난방시스템은 아이들을 우선으로 고려한 조처가 아니다. 아이들을 천대시하는 학교는 아이들로 하여금 건전한 사고를 가질 수 없게 한다.

이밖에도 학교 건물의 견고성에 대해 이야기하자면, 교육부 관계자들은 한번쯤 학교 건물을 눈여겨 보아주기 바란다. 문짝은 이가 맞는 것이 거의 없고, 재료도 싼 것으로만 써서 알미늄 새시로 만든 문은 약한 바람에도 심하게 진동할 뿐만 아니라, 틈이 벌어져 있어 겨울날 방온효과도 전혀 없다. 처음 학교 건물을 지을 때 예산이 적어서였는지, 아니면 도중에 축이 났었는지는 모르겠지만, 앞으로 학교 건물만은 견고하게 지었으면 하는 마음이다.

　결론삼아 이야기를 정리해보면, 교육 관계자들은 일의 완급이나 우선 순위를 고려하여 정책을 수립, 수행하여야 한다. 아무리 생각해 보아도 학교 급식시설이 도서실이나 과학실험실, 강당 등의 시설보다 우선이 될 수는 없을 것 같다.

　5,60년대처럼 대다수 국민들의 의식주 해결이 안 되고 있는 실정이라면, 급식은 결식아동들을 위하여 아주 합당하게 여겨질 수 있지만, 오늘날 특히, 서울같은 한국 최고의 도시에서 단지 대통령의 지시라는 이유만으로 많은 돈을 들여 학교 급식을 한다는 것은 불합리한 치사이다. 훨씬 더 중요한 시설이 없거나 활용되지 못 하고 있는 현실을 생각하면 더욱 그렇다.

　무엇보다 학교는 교실, 운동장, 도서실, 강당, 과학실험실, 체육관 등을 갖추고 있고, 이를 잘 활용하는 것이 교육의 우선 순위일 것이다. 우리 나라 초등학교 시설 중 가장 소홀히 되고 있는 것은 과학실험실 외에도 강당을 꼽을 수 있다. 강당은 많은 아이들이 한꺼번에 모여 발표를 하는, 공공질서를 배울 수 있는 사회 생활의 현장실습장으로 볼 수 있다. 아이들이 문화행사를 접할 때의 태도를 배우는 것도 강당에서 이루어질 뿐 아니라, 졸업식, 입학식을 추위에 떨지 않고 학부모와 함께 진지한 분위기로 치를 수 있는 곳도 강당이다. 운동장에서 행해지는 2월의 졸업식과 3월의 입학식에서는 아무리 학교장이 사람들 앞에서 진지하게 이야기하더라도 추운 날씨에 떨고섰는 학생들과 학부모의 귀에는 들어오지 않는다.

학교행사가 단순한 행사로 끝나는 것이 아니라, 학생들의 참여 의식을 고취시킬 수 있기 위해서는 강당은 필수적이다. 또한 학교 주위에 살고 있는 주민들을 확성기의 소음으로부터 해방시키기 위해서도 강당은 꼭 필요하다. 아무쪼록 교육관계 자들이 강당의 기능을 소홀히 하지 않기를 바란다.

덤으로 가는 2월

1996. 2.

일	월	화	수	목	금	토
				1	**2**	3
4	5	6	7	8	9	10
11	**12**	**13**	14	**15**	16	17
18	**19**	**20**	21	22	23	24
25	26	27	28	29		

   1996년 2월의 학교 일정을 보면 2일 개학, 12일 졸업식 예행연습, 13일 졸업식, 15일 종업식 그리고 19일, 20일 설날연휴, 이어서 봄방학이 있다. 올해는 설날연휴가 늦게 있어 봄방학 이후이지만, 설날이 빨리 오는 해는 설날연휴까지 쉬고나서 봄방학에 들어간다.

　안 그래도 짧은 2월에 이것 저것 빼고 나면 학생들이 학교에 가방들고 가는 날이란 불과 일주일 정도이다. 그러나 그것도 단축수업인데다가 거의 대부분의 수업시간이 자습으로 이루어지거나, 비디오 시청으로 이루어진다고 한다. 12월에 학년말 고사를 치르고 겨울방학에 들어가면, 사실상 한 학년의 일정은 마무리짓게 되는 것이다.

　나는 우리 나라 학교의 학사일정 개편이 시급하다고 생각한다. 차라리 12월에 학년을 마감하든지, 2월 수업일수를 12월에 이어 1월에 마저 채우고 방학에 들어가, 아예 3월 개학과 동시에 새학년이 되도록 하는 것이 바람직하지 않을까 생각해본다.

　하여튼 2월의 이것도 저것도 아닌 어정쩡한 학사 일정을 개편하는 것이 학생들에게도 학부모들에게도 시간활용에 효과적이라 생각한다.

제4장

♠

바른 사회에 이르기 위하여

1

교육개혁

　광복 이후로 우리 나라는 여러 가지 교육정책을 직접 수립하고, 수행하여 교육분야에서 많은 변화를 이룩해 왔다. 특히 1995년과 1996년, 2번에 걸쳐 발표된 교육개혁위원회의 교육개혁안은 획기적이고 발전적이며 실행가능한 대안들을 많이 포함하고 있어 무척 고무적이다. 부디 개혁안이 효율적으로 잘 추진되기를 바라면서, 과거 우리 나라의 교육개혁이 백년대계가 아닌 조령모개의 졸속행정이었던 데 대한 유감을 피력하고자 한다.

　우리 4남매는 모두 2살 터울로 각기 2년 간격으로 학교에 입학하였다. 그런데 4명이 모두 다른 입시제도하에서 학교에 진학했다. 내 경우에는 중학교, 고등학교, 대학교 모두를 입학시험을 치르고 진학하였지만, 내 바로 밑의 동생은 중학교 입학시험은 치르고 고등학교에 진학할 때에는 시험을 보지 않았다. 그 밑의 동생은 중학교에 진학할 때, 일명 뺑뺑이에 의해서 중학교를 배정받았고, 고등학교는 입학시험을 치르고 진학하였다. 막내는 중학교, 고등학교 모두 시험없이 진학하였다.

대학입시의 경우도 복수지원, 단수지원, 예비고사, 본고사 등 쉬지 않고 제도가 바뀌는 와중에 시험을 치뤄야만 했다. 우리의 교육여건이 반드시 개선되어야 하는 요인을 갖고 있었기 때문임을 인정한다 해도, 너무 자주 바뀌었다. 그럴 수밖에 없는 것이 교육 전반에 걸친 전망이 없었다. 단지 입시정책의 변화로써 교육을 개선하려는 안이한 사고가 지배적이었다. 모든 변화가 목적없이 혹은 방향없이 이루어졌었다. 물론 입안 당국자들은 입시제도가 바뀔 때마다 바뀌어야만 되는 당위성을 설명하고, 그렇게 바뀌는 것이 입시생 혹은 재학생의 교육을 위하여 바람직한 이유를 국민들에게 설명하였다. 그러다 한두 해가 지나면, 그들은 비슷한 이유로 해서 영락없이 입시제도를 전처럼, 아니면 전혀 엉뚱하게 바꾸어 버렸다.

사실이 아니라고 믿고 싶지만, 대부분의 사람들은 숱한 입시제도의 변화가 비록 개혁의 탈을 썼지만, 어느 특정인을 고려한 변화였었다고 하는데 수긍하는 것 같다. 예를 들어 74년 고등학교 입학은 추첨제였는데, 그해 당시 대통령의 외아들이 고등학교에 입학하였던 것이다. 70년도에는 고등학교 특기생

입학제도를 도입하였고, 그해 대통령의 딸이 미술특기생으로
명문여고에 입학했다. 한때 과외공부가 일체 불법화되고 대학
입학시험에 본고사가 없어졌었는데, 당시는 신군부가 집권하
고 있었다. 물론 그 이후로 본고사는 당연히 부활되었고, 과외
도 대학생들의 아르바이트 거리가 없다는 이유로 부활되었다.

이처럼 최고권력자의 자식들 때문에 우리 나라의 입시제도
는 매번 우왕좌왕 흔들렸고, 교육부는 그때마다 이를 합리화
시키기에 바빠 거창한 교육적 차원의 이론들을 들먹거리곤 했
었다.

최근 발표된 교육개혁안은 진정으로 바람직한 일이라고 생
각한다. 부디 우리 나라 교육의 진부함을 깨뜨려 줄 가장 강
력한 정책들이 시세에 따라 변하는 여론에 의해 좌절되지 않
기를 바란다. 무엇보다 교육개혁안이 성공하기 위해서는 교사
들이나 학부모들의 개혁안에 대한 긍정적인 시각과, 어떠한
난관도 극복하여 정착시키고 말겠다는 굳은 의지가 필요하다.
특히 특정 권력층의 입김에 좌지우지하지 않는 교육부의 일관
성 있는 정책이 요청된다.

만일 특정인의 편의를 위해 개혁안이 바뀌는 일이 또다시
발생한다면, 우리는 더 이상 희망을 가질 수 없을 것이다.

고등학교 입학시험

  매년 있어 왔던 일이지만, 지난 1996년 1월 학부모의 집단 성차별 항의가 사회적 문제로 떠오른 일이 있었다. 고등학교 입학을 위한 연합고사에서 남학생보다 높은 점수를 받고도 인문계 고등학교에 입학 허가를 받지 못 한 여학생들의 학부모들이 거센 항의를 했던 것이었다. 실제로 연합고사에 의해 고등학교 입학이 결정되는 대도시에서는 해마다 여학생의 커트라인이 높았었다. 대체로 여학생들은 실업고보다 인문고를 선호하고, 인문고에서는 남학생의 제적수가 더 많기 때문이었다. 그러나 나는 이 문제를 성차별의 문제로 생각지 않는다. 이것은 우리 나라 교육의 정책 부재가 그 원인이라고 생각한다.

　중학교까지 의무교육인 우리 나라는 초등학교에서 중학교로 진학할 때에는 누구나 진학할 수가 있다. 그러나 고등학교에 진학할 때에는 어디에 살고 있느냐에 따라 각기 다른 고등학교 진학을 위한 시험을 치르게 된다. 서울, 부산 등과 같은 5대 도시에 살고 있다면 연합고사의 결과에 의해 고등학교에 들어가고, 다른 도시나 지방에서는 학교마다 편차가 있어 예전의 입시제도 그대로 1, 2차에 걸친 시험을 통과해야 입학을 할 수 있다. 즉 자신이 가고자 하는 학교, 다시 말하면 자기 실력에 맞는 학교에 원서를 넣어 시험을 치르고, 그 결과에 따라 입학여부가 결정되는 것이다.

　그런데 지방 소도시의 경우 고등학교에 진학하려는 학생수보다 정원이 적은 학교가 태반이어서, 고등학교 입학시험에 떨어진 학생들은 집에서 거리가 먼 농촌이나 외지까지 통학을 하는 경우가 있다. 이로 인해 자녀의 고등학교 입시에 부담을 느낀 학부모들이 아예 대도시로 주거지를 옮긴다. 결국 이러한 교육제도의 모순이 대도시 집중현상을 부추기기도 하는 것이다.

　이번 사건이 문제화되자, 서울과 부산 등지에서는 여학생들을 구제해 주겠다는 발표를 했다. 그러나 어느 시교육청에서는 여학생들을 구제해주면 농촌의 학교로 올 학생이 없어지고, 그렇게 되면 그곳의 학교가 폐교의 위기에 처하게 되므로 구제해줄 수 없다고 발표했다. 어느 중학교 3학년 담당교사는 그 동안 매년 높은 점수를 받고도 인문계 고등학교에 진학하지 못 하는 학생들을 많이 보아 왔으므로, 그럴 가능성이 있는 학생들을 가기 싫다고 하는 실업계 고등학교에 등을 떠밀다시피 보냈다고 한다. 그런데 만일 인문계 고등학교 탈락자를 구제해 준다면, 자신의 입시 지도가 올바르지 못 했다는 결과가 될 것이며, 또한 그 때문에 자신이 원하지 않는 실업계 고등학교에 간 학생들만 억울하다는 구실을 내세웠다.

그러나 이같은 구실에도 아랑곳없이 학부모들의 항의는 점점 거세어졌고, 결국 김영삼대통령의 구제 지시가 내려지고서야 일단락되었다.

1인당 국민소득이 1만불을 넘고 수출실적이 천억불이 넘으며, 선진국들의 문화산업에 의한 벌이가 공업에 의한 벌이보다 나아진 요즘, 정부와 기업에서는 수익성 높은 문화사업에 총력을 기울이고 있다. 문화산업은 그 산업을 뒷받침할 정신세계의 축적이 없이는 육성될 수 없다는 것이 전문가들의 견해이다. 지금의 교육제도로는 국민 전체의 정신적인 성장을 기대하기가 어렵다. 즉 경제성장을 밑받침할 만한 정신세계, 문화수준을 갖기 어렵다는 말이다. 정신세계가 기초되지 않은 경제는 쉽게 붕괴되고 말 것이며 정신세계의 구축은 올바른 교육제도에서 이루어 질 것이다.

우리 나라 교육정책의 허점은 한두 가지가 아니다. 무엇보다 우리 나라의 의무교육은 중학교까지라고 하는데, 등록금을 1년에 4번씩 내는 중학교가 의무교육이라는 것에는 의문을 제기하지 않을 수 없다. 왜냐하면 의무교육이란 등록금을 내지 않고, 국민의 세금으로 누구나 교육의 혜택을 받을 수 있게 하는 것이라 생각하기 때문이다. 의무교육이란 이름하에 그 '의무'를 부모에게 책임지우려면, 차라리 고등학교까지 의무교육이라 하는 것이 타당하다. 지금의 부모들은 한결같이 자녀를 고등학교까지는 교육시키고자 하기 때문이다. 그리고 고등학교까지 배우는 내용이 사회를 살아가는 데 필요한 기초지식이라고 한다면, 선진국을 바라보는 우리의 현시점에서 고등학교까지의 의무교육은 너무나 당연한 것이 아닐까?

한편 우리 나라 교육이 얼마나 계획성없이 이루어지고 있나 하는 것은 신도시의 예를 들면 알 수 있을 것이다. 기존의 도시나 농촌은 인구 이동의 정도에 변수가 많아 교육시설 계획에 차질이 있을 수 있었다. 그러나 신도시의 경우는 이와 달라 계획에 의하여 아파트를 짓고, 아파트의 숫자에 의하여 인구수와 학생수를 어느 정도까지는 예측할 수 있다.

새로운 도시, 그곳은 앞서가는 행정으로 미래를 향한 신천지가 되어야 한다. 그런데 그곳에서 그야말로 20년 전의 입시지옥이 그대로 재현되고 있다. 중학교 학생수에 비해 턱없이 모자라는 고등학교 숫자 때문에, 신도시 안에 있는 고등학교를 다니려면 반에서 중간 정도는 공부를 해야 한다.

또 원하는 고등학교에 시험을 치른 후에야 입학 여부가 가려지므로, 좋은 성적을 얻고도 떨어지는 학생이 많이 생긴다. 신도시이니 계획만 잘 했으면 학군제도가 가장 합리적으로 시행될 수 있는 곳이었는데, 행정의 부실로 죄없는 학생들만 고등학교 입시에 시달려야 하는 것이다.

더욱 어처구니없는 일이 있다. 고등학교의 문이 워낙 좁다 보니 전학 여부가 학교장의 권한에 속해 있는 신도시의 경우에, 시내 고등학교에 전학하기 위해 학부모와 학교장간에 금전이 오고 가는 일이 있다고 한다. 공공연히 아이들은 서로 "나는 얼마 내고 들어왔는데, 너는 얼마나 냈느냐?" 라는 말을 나눈다고 한다.

또한 임기응변식으로 학교 건물 1층을 지어 새학년을 입학시킨 후, 수업을 하고 있는 학기 중에 다음 학년을 위하여 2층을 증축해 나간다고 한다. 이로 인해 학생들은 너무 시끄러워 수업을 제대로 받지 못 한다. 자고로 신도시를 만들려면 먼저 교육시설을 위한 안배를 해야 하는데, 돈이 되는 아파트 공사에만 눈이 멀어 있으니, 교육이 우선 순위가 될 수 없는 것이다.

교육정책의 부재는 여기에서 일단락되지 않는다. 농촌의 학교 존폐 여부 때문에 도시의 학생들이 피해자가 되거나, 학교의 존재를 유지하기 위하여 학생들이 볼모가 되어서는 안 된다. 학생들을 위하여 학교가 존재하여야 한다. 1명의 학생을 위해서도 교육의 안배는 있어야 하며, 이것은 교육하고자 하는 의욕을 조금이라도 갖고 있다면, 결코 불가능한 일이 아니다. 요즘같이 첨단 과학장비가 발달된 때에는 더욱이 교육시키겠다는 의지만 있다면 지역이 문제가 될 수 없다.

또한 실업계에 가고 싶지 않은 학생들을, 아이의 취미나 여건이 어떠한지도 고려하지 않은 채, 단지 시험결과 때문에 실업계로 진학시키는 것은 학생들에게 너무 부당하다. 요즘의 학부모들은 자녀를 실업계 학교에 보내길 원치 않는데, 실업

계 학교를 지어 놓았으니 학생들을 보내야 한다는 것도 물론
억지다. 남학생의 경우 실업계에 원해서 가는 학생이 여학생
보다는 많다고 하지만, 가기 싫기는 마찬가지일 것이다.

나는 경제가 발전함에 따라 우리 나라 국민의 정신세계도
그에 못지않게 성숙되어야 온전히 균형 잡힌 선진국이 될 수
있다고 생각한다. 미국 범죄자의 90% 이상이 고등학교 중퇴
자라는 보고가 있는데, 이는 어렸을 때 가정이나 사회로부터
불공평한 대우를 받았거나, 소외당하여 마음의 상처를 받은
사람일수록 사회에 대한 저항감이 크다는 사실을 입증한다.
대부분의 부모가 자녀를 최소한 고등하교까지는 교육시키기
를 원하는데 교육제도상의 문제로 자녀를 입학시키지 못 한다
면 국민을 위한 행정이 될 수가 없다. 고등학교 연합고사에
떨어진 학생이나 학부모가 받는 상처는 이루 말할 수 없다.
또 어린 학생들이 고등학교에서 공부할 기회를 갖기 위하여
재수를 하면 청소년 비행과 같은 사회적인 문제를 야기시킬
소지가 크다.
나는 우리 나라 경제 발전에 맞는 교육이 이루어지려면, 특
별한 목적을 갖고 실업계 진학을 원하는 학생을 제외한 모든
학생들에게 인문계 고등학교 교육을 받을 권리를 주어야 한다
고 본다. 그렇게 되면 실업계 고등학교의 수가 무척 줄어들
것이다. 따라서 학생들이 거리상 먼 곳의 실업계 학교를 통학
할 경우를 대비하여, 전폭적인 교육부의 보조로 학생들에게
기숙사와 등록금의 혜택을 주어야 한다. 이렇게 되면 실업계

학교가 단순히 고등학교 연합고사의 낙오자가 다니는 학교로 전락하진 않을 것이다. 그리고 보다 우수한 학생들을 유치하게 될 것이다. 또 실업계 고등학교를 전문대학으로 승격시키는 것도 남아도는 실업계 고등학교를 활용할 수 있는 하나의 방법이 될 수 있을 것이다.

어디에 살든지, 누구나가 고등학교 교육까지는 편안한 환경에서 입시시험에 시달리지 않고 교육받을 수 있는 여건 조성이 우리 나라를 선진문화국으로 이끄는 토대가 될 것이다. 하루빨리 고등학교까지가 의무교육이 되도록 정부는 정책을 세워야 할 것이다.

3

대학 입시 유감

대학입시를 앞두고 여러 신문, 방송의 탑 뉴스가 되는 것은 당연 대학입시에 대한 이야기이다. 각 학교별 경쟁률부터 예상 합격커트라인, 시험출제 경향 등 많은 이야기들이 기사로 취급되고, 합격자 발표가 있은 후에는 수석합격자와 시험에 관련된 각종 가십거리 등의 이야기가 실린다. 그리고 매년 입시 때마다 시험 당일날 날씨가 매우 추울 것이라는 것과, 교통 체증이 예상되니 대책을 잘 세워야 된다는 내용이 빠지지 않고 보도된다.

왜 해마다 대학입시에 대한 뉴스가 사회적으로 제일 중요한 뉴스가 되고, 각 신문이 앞다투어 모의수능고사를 지면에 실어 인기를 끌려고 하는가? 그것은 그만큼 우리 나라 국민들에게 대학입시의 영향력이 크기 때문이다.

우리 나라 교육의 근본적인 문제 해결은 대학입시제도가 개선되지 않는 한 불가능한 일이다. 우리 나라에서 크는 아이들은 초등학교 때부터 어쩔 수 없이 대입을 위한 교육을 받을 수밖에 없다.

다행히 김영삼정부가 들어서면서 교육개혁위원회가 결성되고, 위원회에서 구상한 개혁안의 대부분이 우리 나라 교육이 나가야 할 올바른 방향을 제시하였다고 생각한다. 그리고 그 덕분인지는 몰라도, 96년도 대학입시 전형도 상당 부분 개선된 점이 많이 보인다. 복수지원을 가능하게 한 것이라든가, 세칭 일류대학의 입시일이 겹치지 않게 한 것이라든가, 많은 대학에서 본고사를 보지 않는 것 등등이 그러하다.

그러나 학부모의 한 사람으로서, 또 우리 나라 교육에 대하여 걱정하는 한 사람으로서 여전히 교육부 혹은 대학당국에 하고 싶은 말이 많다. 그 이유는 아직도 개선의 여지가 많다고 여기기 때문이다.

첫째, 이른바 우리 나라의 명문이라고 하는 대학교육의 산실인 서울대, 연대, 고대 등의 대학이 본고사를 치르는 데 대한 유감이다.

지금의 제도로도 지원학생의 능력 평가는 얼마든지 가능하다. 내신성적이 있고 수학능력고사가 있다. 내신성적은 고등학교 3년 동안 학생의 학업수행 내용을 기록한 것으로 매우 객관적인 자료이다. 교육개혁안에 따라 내신성적은 종합생활 기록부로 대체된다. 그러나 성적을 참조 자료로 한다는 점에는 변함이 없다.

수학능력고사의 경우도 모든 진학 희망자들이 치르는 동일한 시험으로 그 권위를 인정할 수 있고, 학생들의 실력에 대한 공정한 평가를 기대할 수 있다.

이렇게 좋은 평가 방법이 있는데도, 굳이 별도의 시험을 치르게 함으로써 자기 학교가 일류임을 내세우려는 것은 어디까지나 대학의 오만함에 지나지 않는다. 그 오만함을 충족시키기 위하여 멀쩡한 수만 명의 학생들이 그 추운 날씨에 희생양이 된다. 거기에 돈은 또 얼마나 드는가? 실로 엄청나다.

지방에서 올라오는 수험생의 경우, 교통비와 숙박비를 합하면 수십 만 원에서 백여 만 원을 넘는다고 한다. 물론 합격한 학생들은 그만큼 기쁨도 크겠지만, 그보다 훨씬 많은 수의 학생들은 고스란히 그 비용을 날려버려 부모들에게 불필요한 경제적 부담을 주게 된다.

국립대학의 경우 내년부터는 본고사를 치르지 않을 계획이라고 하니, 참으로 반가운 소식이다. 바라건대 사립대학도 본고사를 폐지하여 학생들로 하여금 쓸데없이 불필요한 경비와 노력과 시간을 낭비하지 않도록 배려했으면 한다.

둘째, 대학 당국의 편의주의적 발상에 대한 유감이다. 대학 당국은 그들이 제공하는 교육 서비스의 수요자인 수험생의 불편이나 괴로움은 전혀 고려하지 않고 있다.

면접시험의 경우, 그 필요성이 전혀 없는데도 행정력을 낭비하고, 학생들로 하여금 시간과 경비를 허비하게 한다. 특히 면접을 담당했던 교수들은 모두 면접시험의 불필요성을 절감할 것이다. 면접이래야 고작 학생의 이름과 간단한 인적사항 한두 가지만 물어보면 끝이다. 심지어 어떤 학교는 10여명의 학생들을 한꺼번에 앉혀 놓고 이름과 취미 정도만 묻고 끝낸다고 한다. 면접 결과에 따라 당락이 결정되는 것도 아니고, 인간 됨됨이를 판단하는 것도 아니고, 향후 교육에 참고할 정보를 얻어내는 것도 아닌데, 그 어디에도 쓸데없는 일에 학생들을 모이게 하고, 수많은 교직원들과 교수들 및 지원자들의 시간을 낭비하고 있다. 그리고는 면접에 소요된 일체의 경비를 충당하기 위하여, 입학원서 대금만 턱없이 비싸게 받는다. 대학 당국은 면접 시험을 보러 오는 학생들의 심정을 한번이라도 고려해 본 적이 있는지 의심스럽다.

셋째, 수학능력시험에 대한 유감이다.

수학능력시험에서 영어의 비중이 20%나 된다. 이는 다른 과목에 비해 너무 높은 비중을 차지하고 있다. 사회과목의 경우 정치경제, 역사, 지리, 세계사, 윤리 등 여러 분야가 있고 과학분야에도 물리, 화학, 생물, 지구과학 등 여러 분야가 있으나, 유독 영어만 단일 과목으로 20%의 비중을 차지하고 있는 것은 모순이다.

우리는 우리의 부모들이 그리고 선생님과 선배들이 우리에게 세뇌시켰던 사항들을 무비판적으로 받아들였고, 우리들의 후배, 자식들에게 똑같은 식으로 전달하고 있다. 즉 영어만을 잘 할 수 있도록 공부하라고 거듭 강조하는 것이다. 세계 인구의 1/4이 중국어를 사용하고 있고, 1/5이 인도어를 쓰고 있다. 그리고 1/4이 아랍어를 쓰고 있다. 세계에는 1,200여 가지의 언어가 있는데, 영어는 그중의 하나일 뿐이다. 단 문화적, 경제적인 면에서 그 세력이 다른 언어보다 크다고 믿고 있는 언어의 하나일 뿐인 것이다.

우리 나라 대부분의 사람이 영어를 배웠고, 배우고 있다. 그러나 그중에 극소수에 해당하는 사람만이 영어를 사용하고 있다. 해외관광을 갔을 때 몇 마디 의사소통을 위해 영어를 사용하는 것이 고작이라면 오직 영어, 영어를 외치며 온 국민이 떠들썩하게 소란을 피울 필요는 없다. 직장에서도 업무상 영어를 필요로 하지 않는 사람이 영어를 사용하는 사람보다 훨씬 많다. 단지 어쩌다 한두 번 사용하는 영어 때문에 어려서부터 영어에만 온 신경을 쓰고 공부를 시킨다는 것은 낭비이다. 세계화를 외치고 있는 마당에 외국어를 구사할 줄 알아야 한다면 영어와 마찬가지로 불어, 독일어, 일어, 스페인어, 중국어, 아랍어 등등 기타 외국어도 얼마든지 필요할 것이다.

그러므로 수학능력시험에 영어 이외의 다른 외국어도 영어와 동등한 외국어로서 대우하여 선택과목이 되도록 해야 한다. 영어가 아닌 다른 외국어에 능한 학생들에게도 그들의 특수성을 보장해 주어야 하며, 외국어에 대한 배점 비율도 낮추어야 한다고 생각한다.

또한 지금의 수능시험은 거의 모든 과목이 출제되므로, 학생들은 앞으로의 전공과는 관계없는 그 많은 과목들을 어쩔 수 없이 공부해야만 한다. 결과적으로 거의 쓸데없는, 불필요한 지식들을 위해 학생들은 많은 시간과 노력들을 허비하는 셈이다.

교육개혁안에 의하면 올해 고등학교 학생들부터 필수과목과 선택과목을 나누어 단계별 학습을 실시한다고 하는데, 아주 반갑고 환영할 만한 일이라 하겠다. 더불어 학생의 적성과 능력, 전공 등을 고려하여 수능시험의 시험과목도 다양화할 예정이라니, 교육개혁위원회의 개혁안에 박수갈채를 보낸다.

한편 언론에서는 올해의 수능시험이 어려웠다고 보도했는데, 이에 대해 출제위원들은 학생들의 변별력을 위해서는 그 정도의 난이도를 가지고 출제될 수밖에 없다고 변명했다. 갈수록 수능시험이 어려워지고, 교과서 밖에서 출제된다면, 결국 과외나 학원을 통한 학생들의 학습을 막을 수가 없다. 수능시험은 교과서 내용을 완전히 이해한 학생이 90% 정도는 맞출 수 있도록 출제되어야 한다고 생각하는데, 만약 학생들의 능력을 분별하기를 원한다면 10% 정도만 문제를 어렵게 출제하여 선별해야 할 것이다.

학생들의 학력평가를 위해 범국가적으로 시행하는 학력평가 시험은 교과서 중심의 문제를 출제하는데, 중학교의 평균점수가 70점 내외, 고등학교 평균점수가 60점 내외인 것을 감안한다면, 대학 입학을 위해 실시하는 수능시험 또한 90% 정도를 교과서 수준에서 출제해도 충분히 학생들의 수학능력을 평가할 수 있다는 이야기가 된다. 전체 학생의 20% 이내인 상위권 학생들의 변별력을 위하여 시험을 어렵게만 낸다면, 나머지 80%의 학생들에게 괴로움을 안겨주게 될 뿐만 아니라, 파행적 교육이 성행하지 않을 수 없게 되는 것이다.

　수학의 예를 들어보면, 교과서만 성실히 공부해온 학생들에게는 도저히 손도 댈 수 없는 문제들뿐이다. 기본적인 원리를 교과서를 통하여 이해하였다 하더라도, 수능시험의 수학문제는 특별한 몇 가지 푸는 요령을 익혀야만 해결할 수 있다. 만일 교과서를 통하여 학습할 수 있는 기초적인 원리나 기본적인 이해로써 문제를 풀 수 있도록 시험문제를 출제한다면, 학교수업만 충실히 한 학생들도 좋은 결과를 받을 수 있을 것이다.

　무조건 어려운 문제만이 학생들에 대한 평가를 제대로 할 수 있다고 믿는 출제위원들의 오산으로 학교는 부충수업과 같은 정상수업 이외의 수업을 하지 않을 수 없을 뿐 아니라, 학생들은 학원이나 별도의 과외를 해야만 한다. 이로 인해 학생들은 항상 스트레스로 짜증이 나 있고, 학부모들은 자녀들을 뒷받침하느라고 경제적으로나, 정신적으로 항상 압박감―고3엄마 또는 고3엄마를 지낸 엄마들의 얼굴에는 시달린 혼적이 여실히 나타난다―에 시달린다. 이 모두가 학생들에게 정상적 사고 능력 이상의 것을 공부하도록 강요하기 때문이다. 한편 잠도 거의 제대로 자지 못 하면서 수험공부에 시달린 학생들은 고등학교 시절에 이미 너무 많은 에너지를 소모해 버렸으므로, 정작 대학에 가서는 전공 공부를 열심히 하지 않는 경향이 많다. 자신의 일생과 관련이 있는데도 말이다.

　다시 한번 말하지만, 수능시험이 무작정 어렵다고 해서 변별력을 갖는 것은 아니다. 1995년도에 실행된 수능시험의 경우 200점 만점에 평균 92.12였다. 100점 만점에 50점도 안 되는 셈이다. 그런데도 수능시험 출제 관련자들은 학생들의 변별력을 위해 다음 수능시험을 더욱 어렵게 출제할 것이라고 한다. 도저히 이해할 수 없는 처사이다. 평균 50점도 안 되게 시험을 어렵게 출제해 놓고, 더 어려워야 학생들을 변별할 수 있다는 교육부 당국자의 생각은 참으로 어처구니가 없다.

수능시험은 쉽게, 그리고 교과서 중심으로 출제되어 평균이 60~70점은 되도록 해야 할 것이다. 학생들이 학교 수업시간에 배우는 내용들이 그대로 수능시험과 대학 입학에 연결된다면, 우리 나라의 교육 정상화는 저절로 이루어질 것이다. 사교육비가 너무 든다고 하는데, 결코 그것은 엄마들의 쓸데없는 욕심에서 비롯된 것이 아니다. 어디까지나 대학 입학을 판가름하는 시험이 너무 학교수업 밖에서 나오기 때문이다. 정말 아이들에게 하등 보탬이 되지 않는 곳에 돈을 쏟아 부어야 하는 부모들의 심정을 교육 관계자들은 알고 있을까? 하루빨리 고등학교에서는 기본적인 교육이 시행되고, 대학에서는 심도 있는 교육이 이루어질 수 있도록 근본적인 교육 체계를 마련하여야 할 것이다.

또한 나는 수능시험이 대학 입학에서 중요한 비중을 차지하는 만큼 학생들에게 수능시험을 볼 기회를 적어도 일년에 두 번 이상 주어야 한다고 생각한다. 시험날 몸이 아프거나, 피치 못할 사정이 생겨 시험을 치르지 못 할 경우에는 그 하루 때문에 일년을 기다려야 하기 때문이다. 그리고 무엇보다 시험문제가 어렵고 쉬운 정도에 따라, 학생들의 당락이 달라지지 않도록 수능시험을 상대평가로 점수화하는 것이 필수일 것이다.

넷째, 논술시험에 대하여 생각해 보고자 한다.

논술시험은 체계적인 사고력을 평가하는데 그 시험의 목적이 있으리라 생각한다. 그런데 올해 대부분 대학의 논술시험 논제가 현학적이라는 비판을 받았었다. 개인적으로 나는 어떤 주제를 가지고 글을 쓰려면 최소한 3일 정도는 생각하고 정리하고 다듬어야 한다고 생각한다. 너무 생소하고 엉뚱한, 그것도 문제의 의도조차도 파악하기 어려운 주제로 60분 내지 90분 동안 논술을 쓰라고 하는 것은 학생이 임기응변에 얼마나 능한가를 보기 위한 테스트에 불과하다.

100명의 교수를 모아 놓고, 대학 입학시험에서 출제된 논술 제목을 주고 논술하라고 한다면 그중의 몇 명이나 자기의 생각을 조리있게 완성하여 제출할 수 있을까? 아마 1~2명 그 문제를 출제한 교수 정도이리라.

논술시험의 문제는 평상시에 일어나는 흔한 일이나 경험에 의한 자신의 판단을 쓸 수 있는 것으로 해야 한다고 생각한다. 어떤 지식이나 학문적 배경을 필요로 하는 논술은 며칠의 여유를 주어 서술케 하거나 도서실을 열람할 수 있는 여건이 될 때 가능하리라 생각한다.

사실 나는 올해 논술 시험의 논제를 보면서 우리 나라 대학 교수들이 얼마나 무능력하며 교육적 철학이 결여되어 있는가를 절실히 실감하게 되었다. 무엇보다 논술 출제위원들은 시험을 치고 있는 수험생들이 이제 막 가장 기초적인 지식을 배우고 온 고등학교 졸업예정자이며, 결코 전문적인 학문을 하고 있는 사람들이 아니라는 것을 인지하는 것이 중요하다. 아무 문제나 낸다고 다 문제가 되는 것은 아니다. 정작 문제를 풀 사람이 누구인지 정확히 파악하여, 그에 맞는 문제를 내는 것이 출제자의 기본적인 자세이다.

마지막으로 각 대학의 마치 유아병적인 의사결정에 대한 유감이다. 96년도 입학시험이 전년에 비해 획기적으로 개선되었다고 할 수 있는 점은 학생들의 대학 복수지원을 허용하고, 시험날짜를 달리 하여 많은 학생들이 보다 폭넓게 학교를 선택할 수 있는 길을 열어주었다는 것이다. 이는 실력은 좋지만 서울대에 불합격하고, 재수를 해야만 했던 학생들을 구제할 수 있어 국가적인 차원에서 매우 긍정적으로 평가된다. 또한 많은 실력있는 학생들이 재수를 하여 부모의 부담을 가중시키고, 학생이 아닌 신분으로 스스로 괴로움을 당하는 경우를 대폭 줄일 수 있었다.

그런데 합격자가 발표된 후 몇몇 대학 특히, 연세대와 고려대가 입장을 바꾸었다. 연세대와 고려대에 합격한 학생들이 서울대에도 합격함으로써 자연 연·고대의 등록률이 떨어졌다. 지금까지 연·고대에는 서울대에 떨어질 것이 두려워 지원했던 꽤나 우수한 학생들이 많이 있었으나, 금년에는 성적순으로 서울대 합격생을 제외한 나머지를 차지하게 됨으로써 인재 확보에 전과 같은 성과를 얻지 못했을 뿐 아니라, 무엇보다 자존심에 손상을 입었던 것이다. 물론 응시자의 입장은 달랐다. 입시생들에게는 많은 기회가 부여된 것이었고, 그만큼 자기 실력에 따라 공평하게 학교에 입학할 수 있기 때문이다.

또한 복수지원에 따른 원서대가 아깝기는 하겠지만 불필요한 재수를 하지 않아도 되게 되었다. 그런데 등록마감 후 자존심이 상한 양 대학은 내년도에는 다시 예전처럼 서울대와 같은 날 시험을 치르겠다고 발표했다. 양 대학은 그렇게 함으로써 자신들이 유아병 환자임을 드러냈다. 그들은 또다시 우수한 많은 젊은이들에게 좌절의 쓴맛만을 안겨줄 것이다.

여기서 한 가지 더 짚고 넘어갈 것이 있다면, 소위 우리 나라 명문 사립이라고 자타가 공인하는 연세대와 고려대의 특색 없는 학교 운영이다. "서울대보다 낫다!"고 하는 학과, 즉 학교별 특성을 키우지 못 한 것에 대해 깊이 자성해야 할 것이다. 서울대에 밀리는 것은 둘째로 치더라도, 앞으로 외국의 유명 대학이 우리 나라에 분교를 설치하게 될 경우, 그 외국학교에도 밀리게 될 것이 뻔하기 때문이다.

대학은 더 이상 학교의 이름을 알리는 데만 급급하지 말고, 학생들을 훌륭히 교육시키는 데 심혈을 기울여야 할 것이다.

레슨과 레슨비

우리 나라의 예·체능계 레슨비는 세계에서 가장 비싼데, 특히 서양악기의 경우에는 악기의 근원지인 유럽에서보다도 레슨비가 높다. 특히 음악선생님이 대학에서 교수나 강사의 직함을 갖고 있기라도 하면 레슨비는 마구 뜀박질을 한다. 대개 대학강사들이 받는 강사료는 시간당 2만원 내외로 거기다 세금까지 내야 한다. 그러나 예·체능계 대학교수나 강사가 과외로 버는 레슨비는 공식적인 강의료의 5~10배나 된다고 한다. 물론 과외 수입에 대한 세금 추정은 없다. 그래서 너도 나도 대학에 강사자리라도 얻기 위해 매 학기마다 동분서주한다. 설상가상 대학에서는 이 점을 악이용하고 있다는 소문도 있다. 오죽하면 한국에서 자녀에게 예능교육을 시키는 것은 집안을 망하게 하는 지름길이라는 말이 있을까?

한국의 레슨비가 비싸기로 세계적이다 보니 외국인들이나 외국에서 활동하고 있는 한국인들조차 짧은 시간내에 많은 수입을 올리기 위하여, 마치 예전에 해외로 이민을 간 후 돈이 필요하면 국내에 들어와서 잠시 잠시 공연한 수입을 가져가던 연예인들처럼, 국내로 들어와 레슨을 하고 가는 이도 있다고 한다. 그런 레슨이 우리 학생들에게 얼마만큼의 효과를 줄 것인지 의심을 해보는 것은, 사실 그들이 우리 나라에 와서 그들의 예술을 전한다기보다는 돈을 벌기 위한 목적이 앞서 있음을 간과할 수 없기 때문이다. 간혹 우리의 예술인들에게, 또는 예술을 배우려는 학생들에게 필요하여 외국의 예술인·강사들을 초청하는 경우가 있는데, 한두 해 거듭할수록 처음엔 적정 수준의 레슨비를 받던 그들도 그러한 국내의 사정을 알고 무리하게 엄청난 레슨비를 요구하고 있다고 한다.

어처구니없게도 레슨비를 많이 받을수록 실력있는 선생님이 되는 것 같은 착각 속에서 교수나 강사들은 스스로 높은 레슨비를 책정한다. 자신의 실력이 다른 교수보다 더 낫다는 것을 알리기 위하여 레슨비를 올려 받고자 한다. 물론 그들의 실력이 세계적이라는 평을 받는 수준이라면 레슨비를 얼마를 책정하든 누가 이의를 달겠는가. 그러나 사정은 이와 다르다. 서울대 음대를 졸업한 후, 외국에서 석사, 박사과정을 밟은 어느 음악가는 유학을 가보니 서울대에서 4년 동안 배운 것이 그곳의 1년 과정에도 못 미치더라는 이야기를 했었다. 그렇다면 국내 어느 레슨 강사도 결코, 실력면에서 세계적이지 않음은 알 수 있지 않은가?

높은 레슨비를 받는 교수일수록 시간당 계산되는 레슨비에 관계없이 레슨 시간을 조정한다고 한다. 심하면 10분 레슨에 1시간으로 계산되는 레슨비를 받는 교수도 있다고 한다. 정녕코 그런 교수는 레슨을 받는 학생에게 자신을 ○○대학에 가기 위한 '줄'로만 이용하라는 암시적 계시밖에 줄 수 없다. 이렇다 보니 아이들이 단순한 호기심이나 취미삼아 예능을 배우고 싶어하는 경우에도, 음악 전공자가 요구하는 레슨비는 너무 비싸서 처음부터 포기를 해야하는 실정이다.

가끔 우리는 요란한 광고를 보고 호기심이 발동하여 본 영화가 기대치 이하였을 때, 극장문을 나서는 순간에 바로 속았다는 느낌을 받곤 한다. 자고로 예술은 성실과 장인정신이 결여되면 그것은 곧 사기가 되기 쉽다.

여기에 내가 만난 어느 교수님을 소개하고자 한다. 그분은 피아노가 전공으로 레슨시간 엄수와 교습에 철저하다고 정평이 나있는 분이다. 우선 진도보다는 기초를 철저히 지도하시는데, 각 조에 따른 스케일 연습과 손가락이 피아노를 때리는 모습에 따른 소리의 차이, 즉 소리의 크고 작음, 끊어짐과 이어짐, 점점 커지고 작아지는 등의 여러 효과를 느낄 수 있도록 가르치신다. 또 공책을 준비하게 하여 그날 배운 내용과 다음 시간까지 연습해 올 주의사항들을 기록하여 줌으로써 배운 내용의 단계를 정확하게 파악할 수 있게 한다.

새로운 곡을 가르치기전에 그 곡에 필요한 기본을 잘 가르쳐 주어 새 악보를 혼자서도 이해하며 음악적인 표현도 할 수 있도록 지도하며, 아이의 정신 수준에 맞는 악보들로 무리없게 차근차근 진도를 나간다.

한 곡이 완성될 때마다 그 곡에 대한 완전한 이해를 돕기 위하여 곡에 대한 분석, 음악적인 배경과 작곡자의 배경 등을 설명해 준다. 그리고 곡이 완성될 때마다 제자들을 일요일에 불러 모아놓고 음악회를 개최하여 자신들이 직접 음악을 발표하게도 하고, 다른 사람의 음악을 듣게도 한다. 이 발표회 시간에는 발표할 때의 기본자세를 가르쳐 줄 뿐 아니라, 남의 곡을 듣는 태도 역시 가르쳐 준다. 특히 다른 사람이 피아노를 치고 있을 때, 개인적인 잡음은 절대로 허용치 않는디. 그 시간에 배울 수 있는 또 한 가지는 같은 곡을 같은 선생님에게서 배웠으면서도 치는 사람의 개성에 따라 매우 다른 곡이 된다는 사실을 알아차리는 일이다. 그래서 그 시간은 학생들이 자연스럽게 자신의 음악과 타인의 음악을 비교할 수 있는 기회가 되기도 한다. 더군다나 그날은 레슨비도 받지 않는다.

레슨시간은 보통 정확히 지키거나 아니면 진도상 필요에 따라 약속한 시간을 넘길 때가 있는데, 연주회 같은 스케줄이 없는 한 좀처럼 레슨시간을 변경하지 않는다. 만약 부득이한 사정으로 약속한 레슨시간보다 10분 정도 덜 해주었을 때에는 다음에 부족했던 시간을 꼭 보충한다.

"조금 일찍 나가봐야 될 일이 생겨서 10분 일찍 마치려고 합니다. 다음 레슨시간에 10분 더 해줄 것을 약속합니다."

무엇보다 사전에 미리 꼭 양해를 구하고 학생들과 약속을 한다. 진도상 시간을 넘겨 레슨이 길어졌을 때에는 시간에 대해 전혀 상관치 않으면서도 말이다. 또 레슨 중에는 일체 외부전화도 받지 않고 레슨에만 집중하신다.

또 항상 부드럽다. 음악은 소리이므로, 아이들에게 절대로 소리를 지르며 가르치지 않는다. 피아노를 계속 치려면 음악을 사랑하는 마음이 지속되어야 하고, 결코 레슨 시간을 지루해 하거나 두려워해서는 안 된다는 선생님 나름의 철학을 가지고 있는 만큼 저절로 그런 행동이 따라 주는 것 같다.

그 선생님은 대학에서 운영하는 개별 레슨도 지도하고 있었는데, 레슨비에 대해 문의하니 대학에 가서 레슨 받을 때의 비용보다 더 쌌다. 그 이유를 물으니 학부모들이 대학의 경리과에 내는 레슨비는 대학당국이 관리에 필요한 돈을 떼고 교수에게 주고 있으므로, 사실상 자신은 학교에서 자신에게 주는 돈만큼만 받으면 된다는 것이다. 그 선생님이 아이들을 가르치는 태도와 인품을 보면, 그 선생님에게 가르침을 받는 아이들은 음악을 사랑하는 진정한 예술인이 될 수 있으리란 생각이 든다.

우리 사회에는 가장의 한 달 월급으로 생활을 꾸려 나가는 가정이 대부분으로, 바로 남자들의 노동값이 소비생활의 기초가 된다. 우리집도 예외가 아니어서, 내 남편의 월급으로 가계를 꾸려 나간다. 그리 호사롭지도 않게, 그리 누추하지도 않은 우리 나라의 전형적인 월급쟁이 생활을 영위하고 있다. 그러나 아이가 하고 싶어하는 예능 한 가지를 가르치기 위해서는 온 가족이 활동을 제한당해야 한다. 단지 레슨비 때문에 허리띠를 졸라 매어야 한다.

비단 우리 가정만이 그런 것은 아닐 것이다. 가장의 해외근무로 오랫동안 외국에서 살다온 어느 가정을 보자.

외국에서 부모들은 그들의 아이들에게 한 가지씩의 예능을 가르쳤다. 그리고 귀국하고 난 후에도 아이들이 배우던 예능을 계속하기를 원해 여기 저기 레슨선생을 알아보았는데, 아무리 해도 남편의 월급으로는 아이들을 제대로 가르칠 수 없다는 결론을 내리게 되었다.

"어쩜 이러니? 교수건 정치인들이건 모두 정상이 아닌 것 같아. 월급만 가지고는 아이들이 배우길 원하는 어느 한 가지도 제대로 공부시킬 수 없다니! 그 막대한 레슨비를 위해서는 검은 돈을 만지지 않을 수가 없을 것 같아!"

그렇지 않아도 귀국해서 여러 가지로 힘들어 하던 그 가정은 아이들이 원하는 예능을 시키기 위해서 한국을 떠나든가, 아니면 모든 것을 포기해야 하는 갈등에 빠졌다.

지금 우리 나라는 초기에 노동집약 산업에서 지식집약 산업으로, 그리고 문화산업으로 산업의 중심을 바꾸어 가고 있다. 그러한 변화 발전 과정에서 처음에 교육은 단지 지적능력을 계발시키면 되는 것이었다. 그래서 어느 정도 궤도에 오른 후에는 불이익을 감수해야 하는 일도 있었다. 가령 공업은 발전하였으나, 디자인의 낙후로 세계 시장에서는 밀려난 식이다. 즉, 요즘의 문화산업은 지적인 교육과 계발만 가지고는 되지 않는다는 얘기다. 문화산업을 위한 현대의 교육은 지적인 면과 감성적인 면이 동시에 이루어져야 한다.

감성적인 교육에는 예능계 교육을 빼놓을 수 없다. 꼭 전문 예술인을 만들기 위한 예능교육만이 아니라, 국민 전체가 문화교육의 바탕으로 예술을 접하게 되는 것이 중요하다. 그러한 예술교육이 밑받침이 되어야 앞으로 우리 나라의 후세들이 훌륭한 문화산업을 창출해내게 될 것이기 때문이다.

우리 나라의 대학은 다른 나라 대학의 시설수준이나 교육수준에 비해서 현저히 낙후되어 있는 반면, 대학교수들의 대우는 월등히 높다는 보고가 있다. 정상적인 예술인 육성을 위해서는 대학에서 교수로 재직하고 있는 예술계 교수들이 먼저 솔선수범해서 레슨비를 내려야 한다. 교수들이 그렇게 하면 연차적으로 정상적인 레슨비가 정착될 것이다. 예술계 교수들도 다른 교수들처럼 월급에 의존하여 사는 것이 정당하다. 교수라는 직책을 방패삼아 높은 레슨비를 요구할 것이 아니라, 우리 나라에 참된 예술을 전파하기 위하여, 누구나 편한 마음으로 배울 수 있도록, 진정한 예술의 전달자로서의 역할에 충실해야 할 것이다. 예술인들이 돈의 노예가 된다면, 내실없는 빈 껍질의 문화만 남게 될 것이다.

높은 레슨비는 아예 부유층 또는 특권층만이 예술을 할 수 있다는 얘기다. 반드시 레슨비를 내려야만 부자가 아니어도 예능을 배울 수 있으며, 자라나는 많은 어린이들이 예능을 자유롭게 접할 수 있을 것이다. 그래야만 우리 나라에서도 더 많은 훌륭한 예술인이 배출될 수 있을 것이다.

그리고 앞으로 1,2년 안에 예술계도 개방이 된다고 한다. 많은 외국의 유명 예술대학들이 한국에 분교를 설치하고자 준비하고 있다고 한다. 혹여 그들이 우리의 높은 레슨비를 이용하여, 한국의 훌륭한 제자 배출에 뜻을 두기보다는 돈벌이가 되는 나라로 예술을 이용할까 두려운 마음이 든다.

우리의 아이들이 굳이 외국으로 유학을 가지 않아도 세계의 유명한 예술인으로부터 교육을 받을 수 있도록 해야만 앞으로 국제사회에서 두드러지는 예술인을 키울 수 있을 것이다. 그러기 위해서는 무엇보다도 외국의 대학이 들어오기전에 레슨비의 가격파괴가 반드시 있어야 할 것이다.

교수님들이여! 양심껏 레슨비를 내려주소서. 우리 나라 예술의 향상을 위하여!

5

고위 공무원은 약간 모자라야 한다?

언론매체의 논평, 칼럼, 해설, 기획기사 등을 볼 때마다 나오는 대목이 있다. 바로 관련 공무원이나 당국자의 노력이나 각성을 촉구하는 내용이다. 큰 사건이든지, 작은 사건이든지 사건이 발생할 때마다 항시 공무원이 도마에 올려져 요리당하는 듯한 느낌을 갖는다. 매번 공무원이 매도만 당해서 그런지는 몰라도 뉴스를 보고 들을 때마다 공무원은 어딘가 모자라는 사람이라는 생각이 든다.

실제로 국민들은 삼풍백화점 붕괴, 성수대교 붕괴 등 사회적으로 물의를 일으킨 큰 사건들의 원인을 공무원들의 부정과 부패로 결론지었다. 그런데 정작 처벌을 받는 공무원은 국민들이 생각하는 사건의 책임자인 고위 공무원이 아니었다.

그렇다면 평직공무원을 지휘감독해야 하는 상급자들은 도대체 무엇을 했다는 소리인가? 고위직 공무원들은 그런 비리를 없애기 위해 정책을 세우고, 부하직원을 감시 감독하여 정의로운 공무원상을 세워야 한다. 그런데 과연 그들은 부하직원이 돈을 챙기고 부실공사를 눈감아 주는 동안 무엇을 하고 있었을까? 같은 짓을 하고 있었던 건 아닌지…….

매일매일의 신문기사는 모두 고위직 공무원의 무능을 대변하고 있다. 고속전철의 경주 경유문제만 해도 그렇다. 건설교통부에서 경주 통과 결정을 내릴 때까지 문화체육부에서는 무엇을 하고 있었는지, 도대체 왜 고속전철이 경주를 경유해야만 하는지를 생각하면 한심하다. 아니, 근본적으로 고속전철이 우리 나라에 왜 필요한지, 서울~부산간을 그 짧은 시간에 통과해서 어쩌자는 것인지, 그 소음 덩어리를 대자연 속으로 달리게 해서 얻는 득이 무엇인지…….

일전에 미국과 자동차 협상을 벌였을 때도, 외무부와 통상부가 서로의 이권을 가지고 심각한 갈등을 겪은 것으로 보도되었으며, 그 결과 미국과의 협상에서 불이익을 감수해야만 했다. 팔당호 주변의 상수도 취수원의 오염이 심각해지고 있으며, 그 주범은 한강 상류 일대의 음식점과 호텔이라고 신문, TV에서 수차례 보도하였으나, 여전히 대형호텔이나 음식점들이 늘어만 가고 있다.

이같은 일련의 일들을 생각하다 보면, 아무래도 공무원 생활을 하려면 어딘지 모자라야만 될 것 같다는 생각이 든다. 어느 나라나 마찬가지이겠지만, 소위 고위 공무원이라고 하면 정치적 경륜이 풍부하든지, 학식이 많은 명문대학 출신들로 엘리트 중의 엘리트들이다. 그런데 한 나라의 정책을 결정하는 중요한 일에 항시 그들이 무언가 부족한 결정을 내리는 이유는 무엇일까? 학계에서 그렇게 바른 말 잘하고 유능하던 인사들이 일단 정부조직에 편입되고 나면 시행착오를 거듭하는 이유가 무엇일까?

민족의 정기를 세우려고 애쓰면서도 미군의 폭행 앞에서 무기력해지는 우리의 모습과, 성폭행한 미군의 행위에 대해 미 대통령의 공식 사과를 받아내기까지 하는 일본의 외교력을 비교하며 자조의 웃음을 지을 수밖에 없는 이유는 무엇인가? 나름대로 생각하며 답하여 보았다.

첫째, 공무원이 큰 이익보다는 작은 이익에 연연하기 때문이다. 나라의 이익보다는 정부 부처의 이익을 앞세우는 데서 부서간의 갈등이 생기는 것이다. 사실, 일반 국민들은 통상대표가 통상부가 되든 외무부가 되든 별 신경을 안 쓴다. 다만 국민들은 우리 나라 정부가 미국 정부와 협상을 할 때 보다 합리적이고 국익에 도움이 되는 결론을 내리는 데 관심을 더 갖는다. 그러나 협상에 임하는 부처의 공무원은 정작 협상의 주도권에 더 관심을 가지니, 일반 국민보다 유식하다고 하는 공무원들의 시야가 오히려 더 좁은 것이다.

그리고 나라의 유익보다는 자기 자신의 이권에 더 관심을 가지기 때문에 법을 집행할 때 부실공사와 같은 사회적 비리가 발생하지 않을 수 없다. 결국 자기의 이권을 위해 사회의 정의를 희생시킨 공무원이 국민의 눈에 모자라게 비쳐질 수밖에 없는 것이다. 아무래도 자기 주머니를 채우기 위해서는 의사결정 과정에서 어느 한구석이 모자라야만 하지 않겠는가?

큰 이익보다 작은 이익에 급급하면 소신대로 일을 처리할 수 없는 것은 당연하다. 또한 사욕에 눈이 어두우면 소신을 발휘할 수 없는 것도 자명하다. 그러한 풍조가 여러 곳에 만연해 있기 때문에 아무리 공무원이 정직해도 외부 상급자의 청탁을 배제할 소신이 없어지는 것이다.

둘째, 공무원이 약간 모자라게 비쳐지는 다른 이유로는 많은 공무원들의 과거 행적이 정의롭지 못 했기 때문이다. 비록 현재는 소신을 가지고 올바르게 법을 집행하고자 하더라도 과거에 권력에 굴복하였던 전력이 있기 때문에 쉽게 그 굴레를 벗어던지지 못 한다.

한 전직 대통령이 자신은 정치자금을 한 푼도 요구하지 않았다고 기자회견에서 말했다. 그러나 실제 그는 금융실명제를 위반하면서 어마어마한 정치자금을 은닉했다. 과연 그를 어떻게 할 것인가? 누가 그를 단죄할 것인가? 과거 그에게 굴복하여 보신할 수 있었던 사람들이 어찌 당당하게 법을 집행하며 거짓을 응징할 수 있겠는가? 불법을 자행하여 국회의원에 당선된 사람이 자신과 같은 잘못을 한 동료의원을 어떻게 응징할 수 있을 것인가?

공무원들이여! 그대의 봉급이 다른 국민들에 비해 적은 편이 아니니 봉급으로만 살라! 그리하여 당당하게 처신하여 국민들의 눈에 모자라게 비치지 말기 바란다. 국민들은 훌륭한 경륜과 큰 뜻을 품은 최고위직 공무원들이 소신을 갖고 일을 원칙대로 처리하는 것을 보고 싶어 한다!

6

공무원의 뇌물

왜 이리 비리가 많은가? 뉴스마다 비리에 대한 사건 보도로 얼룩져 있다. 모든 큰 사건마다 뒤에는 뇌물이 오갔고, 그리고 뇌물을 준 자, 받은 자가 죄값을 받음으로써 수사는 종결된다.

그런데 뇌물 수수 사건에 연관된 공무원들은 혐의가 밝혀지기 전까지 하나같이 오리발을 내민다. 한번도 그들에게서 "네, 제가 뇌물을 받았습니다. 제 잘못입니다"라고 솔직하고 용감하게 잘못을 시인하는 모습을 볼 수 없었다. 자신이 받은 것은 뇌물이 아니고, 감사의 표시로 준 것을 받았다고 정당화한다. 이는 공무원이기 때문에 어떤 한 가지 일이 처리될 때마다 생기는 떡고물을 당연히 여기는 생각, 바로 이 사고방식 때문에 자신이 받은 것이 뇌물인지 아닌지를 분별하지 못 한다.

다음에 우리 나라 경제의 급성장 시기를 살아온 사람으로서, 지금은 40대 중반이 된 한 사람을 소개하고자 한다.

1970년대 말 우리 나라가 대외무역으로 하루가 다르게 경제적인 성장을 이루던 때에 대학교를 졸업하고 직장을 다니기 시작한 그는 입사한지 3~4년 후 상공부에 드나드는 일을 맡게 되었다. 종합청사 안에 있는 상공부는 공무원 중에서 대표적인 엘리트들만 모아 놓은 곳으로 사람들에게 널리 인식되어 있었는데, 상공부에 첫발을 들여놓은 이후로 그는 괴로운 나날들을 보내게 되었다.

그가 그 당시 상공부에 가서 만나는 공무원은 5급이었는데, 상공부의 허가를 요하는 서류를 가져가 내밀어도, 그 공무원은 서류를 거들떠보지도 않았다. 그 상공부 직원의 책상 서랍은 항상 열려 있었는데, 그 서랍에 봉투(돈봉투)를 넣지 않으면 서류접수조차 할 수 없었던 것이다. 청운의 꿈을 안고 사회에 나온 젊은이의 자아실현은 이 뇌물 앞에서 산산조각 부서져 갔다. 그는 앞날에 대한 암담함, 그런 사회에 적당히 휩쓸리며 살 수 없는 자신의 양심과 윤리의식 때문에 상당한 번민을 하게 되었다. 회식이나 손님접대로 술을 마시게 되는 날에는 특히 '내가 왜 이런 일을 해야 하나?', '내가 하는 일이 올바른 일인가?', '이런 사회에서 살아야 하나?' 라는 자기자책과 회의로 몹시 괴로워하였다.

또다른 경우를 보자.

미국공무원으로 일하고 있는 어느 한국인의 경험담인데, 그는 미국연방공무원으로서 공장지대를 다니며 환경시설을 감독하는 일을 하고 있었다. 일을 맡은지 얼마 되지 않던 어느날, ○○공장에서 있었던 일이었다. 아침 일찍 공장사무실에 출근해 보니, 아침을 먹지 못 하고 출근한 방문근무자들을 위하여 커피와 도너츠가 테이블 위에 놓여 있었다. 가끔 그는 근무지는 비록 미국문화권이였지만 한국가정에서 자랐기 때문에, 직장에서 부딪히는 미국문화의 충격 속에서 어떻게 행동해야 할지 잘 모를 때가 있었는데, 이번에도 선뜻 행동을 취할 수가 없었다. 왜냐하면 미국공무원 법에는 커피 이상의 것을 뇌물이라고 단정짓고 있었기 때문이었다.

잠시 어찌할 바를 모르다가 그는 자기와 동행한 공무원들의 행동을 지켜 보았다. 그 공무원들은 커피와 도너츠를 먹은 후, 그 커피와 도너츠의 시중판매가에 해당되는 돈을 테이블 위에 놓았다. 그래서 그도 그들과 같이 행동하며 마음의 갈등을 씻을 수 있었다.

우리 나라 공무원들은 과연 그 상황에서 어떻게 행동했을까? 테이블 위에 있는 음식을 당연하게 여기며 먹었을 뿐만 아니라, 마음속으로 ‘겨우 이 정도 대접밖에 안 하나?’ 하며 못마땅해 하지 않았을까?

앞으로 공무원들은 점심식사 대접받는 것을 업무상 으레히 있을 수 있는 일이라고 생각하기전에, 혹시라도 자신의 직책 때문에 대접받는 것을 당연하게 여긴 일은 없는지 다시 한번 생각해 보기 바란다. 어떠한 여건에서도 자신의 본분을 다하여 사회악이 될 수 있는 일에 협조하는 일은 없어야겠다.

　우리 나라 공무원 법에도 분명 뇌물에 대한 규정이 명시되어 있으니, 최소한 그것이라도 지켜 "우리 나라는 공무원이 문제야!", "공무원 때문에 나라가 안돼!" 라는 소리는 듣지 않도록 해야겠다. 공무원은 자신이 공무원의 신분으로 일할 수 있는 것이, 자신이 늘 상대하고 있는 국민들의 세금 덕분이라는 사실을 잊어서는 안 된다.

7

뇌물죄 단속

노태우 전대통령의 구속 여부에 대한 검찰의 결정에 국민의 시선이 쏠려 있다. 각종 매스컴들은 노씨가 10개 대기업으로부터 받은 돈이 3천5백억이 넘으며, 5공 당시 거두었던 5천억의 정치자금 중 2천억원이 뇌물성 자금이라는 검찰의 발표를 인용 보도했다. 검찰이 그룹 총수들을 소환하여 심문하는 주된 내용은 그들이 노씨에게 준 돈이 정치성금인가 아니면 뇌물인가를 가려내는 것인데, 노씨는 대국민 사과문에서 기업으로부터 단지 '성금'을 받았다고 했다. 축재 과정에서 챙긴 돈들을 어디까지나 합법적인 것이라고 주장하고 있는 것이다. 재벌 총수들 또한 뇌물성 자금을 노씨에게 주지 않았다고 주장하고 있다.

검찰은 특정 기업의 돈을 받아 어떤 특혜나 이권을 주었다면 그 돈은 뇌물이 되는 것이고, 돈을 받되 특혜를 주지 않은 경우에는 성금 혹은 떡값으로 취급해 그 기업은 처벌의 대상에서 제외시키겠다는 입장을 드러내고, 만일 뇌물임이 입증되면, 노씨의 사법처리와 함께 뇌물을 준 2~3개 그룹의 회장을 구속 처리하겠다고 했다. 그러나 아무리 그보다 더한 처벌을 한다고 해도 우리 사회에서 뇌물의 근절을 기대할 수는 없을 것 같다.

무슨 방법이 없을까?

뇌물을 준 자와 받은 자를 모두 처벌하는 것은 뇌물의 근절에 기여할 수 없다. 물론 뇌물을 주는 행위나 받는 행위나 모두 불법행위이며 죄악이다. 그러나 만약 진정으로 정부에게 뇌물 수수 행위를 없애려 하는 의지가 있다면, 그 처방은 의외로 간단하다.

우리 이웃에 사는 이명진 씨의 의견에 의하면 뇌물을 준 자는 처벌하지 말고 뇌물을 받은 자만 좀더 가혹하게 처벌을 하면 된다는 것이다.

현행대로 뇌물의 공여자와 수뢰자 모두 처벌한다면, 뇌물을 준 사람도 공범 혹은 주범의 하나로 처벌을 두려워 할 것이고, 그렇다면 어느 누구도 뇌물을 준 사실을 자백하지 않을 것이다. 다시 말하자면 죄악이 노출될 가능성은 거의 없다. 뇌물을 주는 입장에서는 상대방이 뇌물을 받지 않았다고 할 것이고, 뇌물을 받은 쪽에서는 주는 쪽이 뇌물이 아니었다고 할 것이 확실하기 때문이다. 뇌물을 준 사실을 인정할 경우, 처벌 받을 것을 알면서도 그 사실을 자백할 리는 없는 것이다.

그러나 만일 뇌물 준 자는 처벌하지 않고, 뇌물 받은 자만 법의 심판에 의하여 처벌한다면, 뇌물을 주는 행위는 죄가 되지 않는다. 그러므로 필요하면 언제라도 누구에게 뇌물을 주었는지 고발할 수도, 자백 할 수도 있다. 그러한 사실을 알면서 뇌물을 받을 강심장의 소유자는 거의 없을 것이라고 생각된다. 그렇다면 아마도 뇌물 수수행위는 근절될 수 있을 것이다.

특히 현재 재벌 총수들을 길게는 17시간에서 짧게는 4시간씩 심문하는데, 그렇게 오래 심문하지 않아도 그들은 곧바로 뇌물 제공 여부를 자백할 것이다. 일이 이렇게 되고 보면 애당초 뇌물이 될 소지가 있는 돈은 아예 받을 생각조차 못 할 것이다.

입법을 추진하는 입장에서 여러 법리상 형평에 어긋날지는 모르겠으나, 이런 방법이 설득력을 가지는 까닭은 우리 사회에 너무 뇌물이 성행하기 때문이다. 솔직히 말해 의례적인 떡값이나, 인사치레 자체가 불의가 아닌 미풍양속으로 받아들여지는 것도 바람직하지 않다. 우리 사회의 과다비용의 발생이나 과소비풍조의 만연도 사실은 당연한 인사치레성 명절선물에 기인한 바가 크다.

대한민국은 뇌물의 천국이라든지, 뇌물을 주고 받는 것이 문화의 한 형태라는 국제사회에서의 평가를 더 이상 우리 다음세대에게 넘겨 주지 않기 위한 바램에서 뇌물에 대한 제도적 장치에 대하여 한 의견을 내는 바이다.

8

보통사람들과 '보통사람'

  우리 이웃에서 만날 수 있는 보통 가정의 두 가장을 소개하고자 한다.

  서울에서 살고 있는 김영호 씨는 전자제품을 만드는 중소기업의 사장이었다. 어느날 여러 모로 어려움이 많아 근 10년 가까이 경영해 온 회사를 정리하지 않으면 안 될 처지에 처했다. 그는 그 동안 회사를 운영해 오면서 최선을 다했지만, 회사를 정리할 때엔 수천 만 원 가량의 빚을 지고 말았다.

  그의 가족은 아내와 아들 하나, 딸 하나 등 네 식구로, 방 두 개와 거실이 있는 스무 평 남짓한 아파트에서 살고 있었는데, 그의 아내는 검소하고 성실한 생활로 그 동안 남편이 가져온 월급에서 꾸준히 저축을 하였었다. 아이들이 커감에 따라 방 하나가 더 필요했기 때문이었다. 그의 아내는 저축한 돈으로 방 세 개 짜리 아파트로 늘려 가기를 원했다. 그러나 사정이 어려워지자 김영호 씨는 아내가 저축한 돈으로 회사빚을 갚기를 원했다. 처음 그의 아내는 남편의 뜻에 응하지 않았다. 그래서 김영호 씨는 아내를 설득해야만 했다.

"남의 돈 떼어먹고 집을 늘려 가 살면, 우리가 그 집에서 마음 편히 살 수 있겠어? 남의 돈을 갚고 마음 편히 사는 것이 우리 가족이 행복하게 사는 길이야."

결국 그의 아내는 남편의 뜻에 따르기로 하였다.

그런데 스스로를 '보통사람'이라고 말하면서 우리에게 친근감을 갖게 하여 이 나라의 대통령이 되었던 '보통사람'은 대국민 사과문에서 비자금 5,000억원 중에서 통치자금으로 쓰고 남은 1,700억원을 정부에 환수할 기회가 없어서 그대로 예치해 두었다고 한다. 그러나 그 예치금은 합법적으로 차명 계좌를 실명전환해 둔 것으로 확인되었다. 처음부터 예치금을 착복하려고 했던 것이다.

이번에는 미국에 살고 있는 이민 1.5세인 이재봉 씨를 소개하고자 한다. 그는 늘 한국을 그리워하며 살고 있다. 부모가 이민을 결정하였을 때 미성년자였던 그는 부모를 따라서 미국으로 갔고, 거기서 대학을 졸업하고 대학원에 진학하였다. 그는 자의와는 상관없이 타의에 의해 타향살이를 하게 되어 고향이 더욱 그립다고 한다.

그의 전공은 환경공학이다. 수질, 대기, 토지, 소음공해 등의 심각한 환경오염 때문에 국토의 70%가 산악지대인 한국의 자연이 훼손되는 것이 안타까워 환경공학을 전공하게 되었다고 한다. 그는 조국에서 봉사할 날을 기대하며 열심히 공부하였다.

결혼 후 학업을 계속하는 것이 어려워지자, 그는 박사논문 쓰는 것만을 남겨 놓은 채 전공분야의 직업을 갖고 실무를 담당하게 되었다. 미연방 환경처에서 공무원으로 근무하면서 다양한 경험을 쌓기 위해 여러 부서를 자원하여 실무를 경험하였고, 우수공무원으로 표창을 받을 정도로 열심히 일하였다.

대구 두산의 페놀 유출 사건으로 국내의 모든 언론이 뜨겁게 달아올랐을 무렵, 마침내 그는 귀국을 결심하고 환경관련 부처에서 채용 공고가 난 몇 군데에 이력서를 제출하였다. 그에게는 자기와 같은 사람이 한국에 꼭 필요하리라는 확신이 있었다. 곧 취직이 될 것에 대비하여 집까지 팔고 기다렸다. 그러나 그는 합격 통지를 받지 못 했다. 이후로 그는 국내 환경보호운동에도 뜻이 있었지만, 처자식에 대한 부양책이 없어 결국 귀국을 포기하고 말았다. 그의 능력이나 됨됨이, 경력은 나무랄 데 없이 훌륭하건만, 한국에서 취직이 안 된 이유는 무엇일까? 어쩌면 박사학위가 없거나 뒷배경이 없는 것이 이유가 되었을지도 모르겠다.

다시 이야기를 되돌리자면, 이재봉 씨는 자기집 정원의 잔디밭을 가꾸기 위해 제초제를 뿌리지 않는다. 제초제가 환경에 미치는 악영향을 고려하여 직접 손으로 잡초를 제거하고 있다. 그리고 그는 골프를 치지 않는다. 왜냐하면 골프장에는 잔디밭을 가꾸기 위하여 엄청난 제초제를 쓰기 때문이다. 그 제초제는 땅으로 스며들어 지하수를 오염시키고 결국에는 땅 자체를 오염시키는 근원이 된다고 하는데, 땅이 광활한 미국에서는 이 문제를 매우 심각하게 다루고 있다고 한다.

'보통사람' 노태우가 대통령 재직 당시 무려 130군데 골프장 시설을 허가해주었다는 기사를 보면서, 나는 우리의 이웃, 그야말로 보통사람인 이재봉 씨를 다시 한번 떠올린다.

보통사람은 자기집의 잔디를 손질하는데도 환경오염을 우려하여 제초제의 사용을 거부하는 반면, '보통사람'은 그토록 자연을 파괴하고 오염시키는 골프장을 권력을 이용하고, 사리사욕을 위해 무더기로 허가해 주었던 것이다. 70%가 산인 우리나라는 산을 잘 보호하고 가꾸는 것이 환경 보존의 지름길인데, 명실공히 한 나라의 대통령이었던 그에게 그 정도의 지식도, 나라에 대한 그 정도의 사랑도 없었던가?

진정으로 조국을 사랑하고, 그 사랑의 실천을 위해 일자리를 원했던 보통사람은 '보통사람' 정부하에서 일자리를 가지는 것이 불가능했다.

왜냐하면 '보통사람' 정부에서는 진정으로 조국을 사랑하고, 그 사랑의 실천을 위해 일할 사람은 오히려 걸림돌이 되기 때문이었다.

역사를 만들어가는 데 가장 중요한 일을 해야 할 대통령이 나라를 망치고 있었던 것이다. 앞으로는 대한민국을 진정 사랑하고, 자신의 이권에 혹하지 않는, 역사관이 투철한 사람이 최고 책임자가 되어야 하겠다.

9

문민 경찰의 최루탄

　나는 우리 나라 민주화과정에서 학생이나 시민의 역할이 무척 컸다고 생각한다. 그리고 정치적인 사건과 관련된 학생들의 데모는 항상 옳았다고 생각하고 있다.

　오래된 일로는 1960년 4월 19일을 전후한 3·15 부정선거 규탄 데모를 비롯하여, 최근의 5·18 광주학살의 주범 두 전 대통령에 대한 구속 수사를 요구하는 데모에 이르기까지 그들의 주장이나 요구는 언제나 옳았다.

　굴욕적인 한일협정에 의한 수교는 오늘날까지 일본이 한국을 무시하는 결과를 초래했는데, 이것을 예견했던 선각자들은 당시 민주시민과 학생들이었다. 그리고 유신이라는 폭거에 항거했던 크고 작은 데모들, 항의들은 국민들의 정의를 위한, 불의에 대한 항거였다.

그런데 옳은 주장을 펼치는 사람들은 그 주장을 실천할 능력 혹은 권한이 없는 사람들이었다. 따라서 그들이 할 수 있는 일은 단지 집단으로 자기들의 의사를 표명하는 것이었고, 그 의사 표명 방식이 바로 데모였다.

그 데모집단들의 주장을 실천해야 하는 사람들, 즉 당시의 정부 여당은 데모 군중의 의견을 수렴할 의사도, 용기도 없었다. 그들이 할 수 있는 유일한 것은 절대권력자의 뜻에 따라 반대자를 제거하는 일이었고, 반대의사를 표명하는 학생, 시민 데모대를 무력으로 진압하는 것이었다. 그리하여 데모 현장에는 전투경찰, 의무경찰 등이 동원되었고, 최루탄과 곤봉이 사용되었다. 더불어 시위대 쪽에서는 돌팔매와 화염병 등의 폭력이 난무하게 되었다. 보는 관점에 따라 많은 분석이 대두될 수 있겠으나, 이는 불의한 권력자의 의지와 불의를 시정할 것을 요구하는 시민들의 정의로운 요구가 대립되는 데서 비롯된 폭력이라 말할 수 있다.

70년대 초에 대학을 다닌 나는 4년 동안 가을 학기 캠퍼스를 전혀 다녀 보지도 못한 채 학교를 졸업했다. 유신헌법이 공포되던 그때에는 학생들이 모일 수 없도록 계엄령까지 내려서 모든 비판의 소리를 차단하였다.

많은 남학생들이 부상당하고, 또 기독교 모임의 간부들이 간부라는 이유만으로 군대로 끌려가거나 제적당하였다. 그리고 그들의 부모는 직장에서 어려움을 당하였다. 부모의 직장에까지 손을 뻗쳐 괴롭히다니, 얼마나 비열한 정부였던가?

내 남동생들이 정치에 관심을 가지게 될 때쯤, 내가 제일 두려웠던 것은 그들이 데모대에 의한 희생자가 될까봐서였다.

젊은이들이 무모한 정부의 폭력으로 희생되는 것은 너무도 가슴 아프고, 암담한 일이었다. 우리 사회는 그야말로 주객이 전도된, 바른 역사관을 가진 국민들은 핍박받고, 불의에 타협하는 소수의 지배층은 호의호식하는 사회였던 것이다.

어느덧 내 아이들도 정치에 대하여 비판을 할 수 있을 정도로 성장했다. 그런데 어처구니없게도 내가 대학에 다닐 때와 마찬가지로 현재의 상황도 변함이 없다. 어떤 가정에서는 자녀가 시대의 희생물이 될까 두려워, 자식을 소위 데모도피유학을 보낸다고 한다.

김영삼정부가 출범한지 몇 해가 지난 지금도 여전히 데모의 이슈가 있고, 여기저기서 데모가 계속되고 있다. 과거에도 그러했듯이 현재에도 데모 군중의 의견이 옳다고 본다. 청문회나 언론의 보도를 통해 이미 알려진 바와 같이 12·12 사태는 전두환 일당에 의한 쿠데타적 사건이었다. 더욱 엄밀히 이야기하자면 하극상에 의한 정권 탈취임이 분명한 현실에서 그들에 대한 기소를 하지 않는 것은 검찰의 직무 유기이다. 백 번 양보하여 기소 처리 유무는 검찰의 고유 권한이라 인정한다 하더라도, 이의 기소를 요구하는 학생시민의 요구 또한 정당한 것임을 인정해야 할 것이다.

과거 정권 담당자들은 부정한 모리배의 집단으로서, 옳은

주장을 폭력으로 억압할 수밖에 없었다고 해도, 스스로 문민
정부라 칭하고 정통적으로 수립되었음을 자랑하는 현 정부가
여전히 데모대를 최루탄과 곤봉과 같은 폭력으로 진압한다는
것은 아무래도 언어도단이다.

그 이유는 아래와 같다.

첫째, 경찰은 국민의 재산과 질서를 보호해야 할 의무가 있
다. 그들은 국민의 정당한 의사표현도 보호해야 한다. 보호해
야 할 것을 폭력으로 파괴한다는 것은 용납될 수 없는 행위이
다.

둘째, 최루탄은 국민의 세금으로 사들이는 것이다. 국민의
혈세를 이용하여 국민의 정당한 요구를 묵살하는 데 사용하는
것은 주객이 전도된 것이다.

셋째, 폭력에 의한 통치를 종결시켜야 한다. 과거의 정권은
정통성을 인정받기 곤란한 정권이었으며, 그 탄생부터가 불법
에 의해, 폭력에 의해 비롯되었기에 폭력에 의한 통치를 할
수밖에 없었다. 그러나 합법성과 정통성을 주장하는 현 정부
가 폭력으로 통치기반을 마련하는 것은 자기 모순이다.

가정에서, 사회에서, 학교에서, 국회에서, TV 프로그램에 이
르기까지 우리들의 자녀들이, 그리고 선량한 시민들이 폭력을
목격하며 살아가고 있다. 그 폭력으로 인해 우리의 환경이 파
괴되고 있으며, 자녀들의 심성이 거칠어지고 있으며, 사람들의
정서가 메말라 가고 있다.

이제 우리 나라가 민주정부라는 확실한 증거를 보일 수 있

는 가장 쉽고도 중요한 일 중 하나는 데모 진압시 폭력을 사용하지 않는 일이다. 아니, 당당한 정부라면 데모를 진압할 이유가 없으며, 도리어 국민의 의사에 귀기울일 줄 아는 정부라는 것을 보이기 위해서도 데모대를 보호함으로써 우리 사회에서 폭력을 추방하는 데 크게 기여해야 할 것이다.

데모대의 이슈가 정부의 정책과 어긋나든, 어긋나지 않든 일관성있게 데모대를 보호하는 것만이 성숙한 민주정부가 취할 태도일 것이다. 이것은 스스로 데모 군중이 폭력을 사용하지 않게 하는 길이며, 경찰의 권위를 인정받게 되는 길이며, 정부의 권위를 재건하는 길이다.

대학에 진학할 자녀를 둔 부모들이 더 이상 데모 때문에 불안해하지 않는 사회가 되길 바랄 뿐이다.

10

육사와 서울대

광복 이후 한국의 역사에 가장 큰 영향을 끼친 대학을 둘만 꼽으라면 누구도 망설임없이 서울대학교와 육군사관학교를 이야기할 것이다. 아마도 역대 한국의 고위직 관료들 중에는 서울대와 육사 출신이 과반수가 넘지 않을까 싶다.

양 대학은 한국의 명문 대학으로 수많은 애국지사와 명사를 배출하였고, 사회 각 분야의 지도자들을 배출하여 나라 발전에 많은 기여를 하였다. 두 대학은 기라성 같은 인재를 키워냄으로써 사회에 고급 인력을 공급해 주는 역할도 충분히 하였다.

그런데 나는 이 두 대학에 대해서 감사하는 마음보다는 마음 한구석에 섭섭한 느낌을 갖고 있다. 그것은 어쩌면 열등감이나 자격지심에서 비롯된 것일 수도 있다. 보통 서울대나 육사 출신이 아닌 타교 출신이 이 학교를 비평하면, 그것은 보통 질시에서 비롯된 열등의식으로 치부될 수 있기 때문에, 그러한 오해를 받기 싫어하는 대다수의 사람들은 아예 입을 다문다.

그러나 아무리 그렇더라도 현재 우리 나라의 정치, 경제, 문화, 사회 등 모든 분야에 전반적으로 나타나고 있는 제현상들을 분석해 볼 때 현재의 상황이 바람직하지 않다고 본다면, 그리고 그 바람직하지 못 한 제반 현상들이 이 나라의 각 분야의 지도자들에 의하여 서실러진 결과라면, 그 책임의 많은 부분이 서울대와 육사 출신 지도자들에게 돌아간다.

예전이나 지금이나 이 두 학교에 입학하는 것은 아주 영광스럽고 자랑스러운 일이다. 그리고 이 학교를 졸업하면 평생 동안 자부심을 지니고 살아갈 수 있으며, 남들로부터 인정과 존경을 받게 된다. 그런데도 내가 이 두 학교에 실망감을 갖는 것은 이 학교 출신들이 사회지도자가 되었을 때, 사회의 악한 분위기에 편승하여 나쁜 전통을 세우고, 국민들의 기대와 열망을 배신하였기 때문이다. 나같은 소시민도 그들에게서 올바른 역사관이나 윤리관을 찾아볼 수 없음에 절망한 때가 어디 한두 번이었던가!

한때 하극상의 주역이면서, 불법으로 폭력으로 권력을 잡았으며, 법치주의 국가에서 법을 유린하였고, 혹은 그러한 행위를 한 자들에게 빌붙어 자기의 배를 채우고 권력욕을 채운 사람들 대부분이 바로 이 두 학교 출신들이었다.

소위 명문대라고 일컬어지는 양 대학에 입학을 하면 싼 등록금과 좋은 교육환경, 그리고 최고의 교수진(?)으로부터 수업을 받는 등 그만큼 혜택이 많고, 마음껏 지적욕구를 충족시킬 수 있을 뿐만 아니라, 졸업 후의 취업이나 승진이 다른 학교 출신들에 비교가 되지 않을 정도로 빠르다. 또 양 학교 출신들의 학연 관계는 특별나서 개인의 능력보다는, 같은 학교 출신이라는 이유만으로도 존재 가치에 특별한 의미를 부여받기도 한다. 그래서 학부모들이나 학생들에게 서울대학교와 육군사관학교는 선망의 대상이 된다.

물론 처음 이 학교에 들어가면 최고의 대학인답게 사회의 정의를 가장 앞장서서 부르짖고, 불의에 항거하며, 핍박도 많이 받는다. 그런데 졸업 후엔 왜 이 나라의 부패의 주역이 되고, 사회를 바람직하지 못 한 방향으로 이끌어가는가?

참으로 가슴 아픈 일이지만, 이유는 그 두 학교의 무능에 있다고 생각한다. 다시 말하면 교육의 부재에 그 원인이 있다. 아니, 교육을 시키되 바람직하지 못 한 교육을 하고 있기 때문이다. 이런 나의 생각이 너무도 비약적일까?

우리의 대학은 기껏 우리 나라에서 가장 우수한 청년들을 뽑아놓고는, 정작 그들에게 교육 한번 제대로 못 시키고 졸업을 시킨다. 어쩌면 애시당초 학생을 뽑는 방법부터가 그러한 결과를 초래하는지도 모르겠다. 인생관에 대한 평가없이 획일된 시험과 성적만으로 학생을 선발하여, 그들의 허파에 자만심만 잔뜩 채워 주거나, 머리회전만 능란하게 만들어 사회에 내보낸다.

그리고 원래부터 똑똑하던 사람들이라 때가 되면 출세를 하거나, 한 나라의 대통령이 되기도 했으리라. 하지만 꼭 받아야 할 인성교육을 그 중요한 시기에 받지 못 하고, 국가관이나 역사관도 정립하지 못 한 채 사회에 나옴으로써 부작용을 초래하는 것이다.

역대 한 대통령이 육사를 졸업했다. 남들은 다 11기라고 부르는데, 스스로 1기라고 주장하는 학교를 나왔다. 그리고 경제인들로부터 5천억이라는 거금을 받았다. 그런데 그는 이 돈을 가리켜 통치자금으로 쓰기 위해 관행처럼 상납되어 오던 경제인들의 헌금이라고 했다. 그러니 경제인들에게는 이 관행이 은근한 압력이 되어 왔다. 대통령에게 밉보인 경제인은 국제그룹과 같이 여지없이 산산조각이 되리라는 악몽에 시달리며 어쩔 수 없이 해온 상납이었다. 그는 그 돈 중에서 천팔백억원을 고스란히 남겨 금융실명제를 어기고 숨겨 두었다. 때로는 자기 딸로 하여금 외화를 밀반출하게 하여 미국 법정에 서게 하기도 하였다. 그런데 아니나 다를까 그 아들과 딸들도 서울대 출신인 것이다.

대한민국 최고의 지성과 명예를 자랑하는, 육사 출신의 아들인 서울대생은 아버지의 잘못에 대해 한번이라도 충성어린 지적을 하였을까?

사회정의를 부르짖던 동료 서울대생들의 주장을 만분의 일이라도 기억하고 있었다면, 자신의 아버지가 오늘날처럼 검찰에 구속되고, 그 치욕의 재판으로 국가적 망신을 당하게끔 내

버려두지는 않았을 것이다.

서울대에서 경영학과 경제학을 전공한 대통령의 아들, 딸들은 돈을 치부하는 얕은 꾀에는 밝았으나, 대통령인 아버지가 막대한 검은 돈을 모으면 나라의 경제가 위기에 빠지게 된다는 것을 조언할 수 있을 만큼 나라의 경제를 생각하는 국가관이 없었다. 도대체 그들은 학교에서 무엇을 배웠으며, 학교는 그들에게 무엇을 가르쳤는가?

교육계의 재정비가 필요하다. 무엇보다 가정이나 학교에서 양심의 소리에 용감히 따를 수 있는 교육이 반드시 선행되어야 한다고 생각한다. 이 나라를 이끌어갈 젊은이들의 학벌이 양심과 이분되어서는 안 될 것이다.

우리 나라의 현실은 서울대와 육사의 작품이라고 볼 수 있다. 다시 말하면 서울대와 육사생들의 거울이 우리 정치와 경제계인 것이다. 아직도 지도자급 행정직에는 서울대와 육사 출신들이 많은 비율을 차지하고 있다. 그리고 정치적 경제적 사건에 연루되어 검찰에 불려 가는 사람들도 역시 서울대와 육사 출신들이 많다.

서울대와 육사를 졸업한 인재들의 작품이 치욕과 탐욕의 작품이 되지 말고, 그들의 명성에 맞게 인격도 함께 따라가 주어 건전한 역사적 명작이 되도록 사회를 이끌어 주기 바란다.

11

진정한 효란 어떤 것일까

한려수도를 여행하고 있을 때였다. 한산섬과 그 일대를 관광하는 관광선을 타고 망망한 바다에 솟아 있는 아름다운 바위섬들의 조화에 감탄하며 넋을 잃고 보고 있을 때였다. 웬까만 비닐 봉지가 창문 밖 바다 쪽으로 버려지고 있는 것이었다. 나는 깜짝 놀라 그 비닐 봉지를 버리고 있는 주인공을 눈으로 찾았다. 바로 내 앞자리에 앉아 있는 노부부였다. 그 노부부는 바다를 쓰레기통으로 생각했는지 비닐봉지뿐만 아니라 과자 포장지, 과일조각과 과일껍질 등 쓰레기를 계속 버리고 있었다.

안 그래도 배를 타고 바다로 나온 후 계속 눈에 띄는 스티

로폴, 비닐, 나무상자와 같은 쓰레기들을 보며 새삼, 바다 오염의 심각성에 대해 생각하고 있던 중이었다. 그런데 바로 내 앞에서 노부부가 바다오염의 일익을 맡고 있는 것이었다.

어떻게 해야 하는지 순간 고민이 되었다. 그 노부부에게 쓰레기를 바다에 버리지 말라고 이야기를 해야 하나 말아야 하나……. 아무래도 노인들에게 선뜻 그들의 잘못을 이야기할 수 없는 것이 우리 나라의 관습이다. 유교문화가 지배적인 우리 나라는 경로사상과 효를 가장 중요시하고 있지 않은가?

만약 젊은 내가 그 노부부에게 잘못에 대한 주의를 준다면 어른에게 버릇없는 사람이라고 할 것이고, 그냥 지나친다면 바다가 온통 쓰레기들로 가득 차게 될 것이었다. 그러나 나는 끝내 그 노부부에게 아무 말도 못 하고 말았다. 솔직히 나는 그분들에게 그분들의 잘못을 말했을 때 받게될지도 모를 호통이 두려웠다.

효는 부모와 자식간의 관계에서 자식이 부모에게 품는 마음이다. 자식을 낳아 부모가 되면 그 자식을 사랑하며 키우게 된다. 사랑을 받으며 잘 자란 자식들은 자신을 보살펴 주며 키워 준 부모에게 효로 그 보답을 하게 된다. 그러니까 효도라는 것은 부모의 은혜에 보답하기 위해 자식에게 자연발생적으로 나타나는 마음의 표시이다. 부모의 자식에 대한 사랑, 자식의 부모님에 대한 효성된 마음이 자연스럽게 한 가정에 스며있을 때, 그 가정은 참으로 아름답다고 볼 수 있을 것이다.

그런데 부모가 자식을 사랑하며 키우는 데에는 의무와 책임이 뒤따르게 된다. 자식에게 모범이 될 만한 부모다운 행동거지로 부모로서의 본분을 다하는 것이 선행되어야 한다. 부모의 역할을 제대로 하지 않은 채 자식을 낳았다는 것 하나로 효도받기를 바란다면 그것은 자식에게 효를 강요하는 것이 된다.

한편 부모님 말씀에 무조건 순종하는 것이 효도인 양 인식하고 있는 사람들이 있어서, 그들은 자식이 부모와 다른 의견을 내세운다거나, 부모의 잘못을 지적하는 말들을 하게 되면 자식을 불효자로 낙인찍는다. 그러다 보면 어느새 부모와 자식간의 대화는 단절되고, 나아가 패륜이라는 사회악이 발생할 수 있다.

또한 가끔 우리는 바르지 못 한 어른들의 언행을 보면서도 어른을 무조건 공경해야 하는 윤리적 풍토 때문에 그냥 지나친다든가, 부모로서 자식에게 부모다운 역할을 제대로 하지 못 했을 경우에도 자식된 도리를 강요당할 때가 있다.

많은 심리학자들이 지적하는 바에 의하면 어렸을 때의 경험이 어른이 되었을 때의 행동방식을 결정한다고 한다. 즉 어렸을 때 사랑을 받은 사람이 커서도 사랑을 베풀 수 있다는 이야기이다. 그래서 부모가 자식을 학대하는 가정에서 자란 사람들은 스스로는 절대로 그러지 않겠다고 다짐하며 성장하더라도, 어른이 되면 부모의 행동을 그대로 되풀이하게 된다고 한다.

이와 비슷한 논리가 효에도 적용될 수 있을 것이다. 어려서 부모의 사랑을 많이 받거나, 부모가 자식에게 모범적인 행동을 보여준 경우에, 아이는 자라는 동안 이를 자연스럽게 체득한다. 물론 부모가 자식에게 효를 가르치는 것은 당연하고 필요하다. 그러나 효를 가르칠 때에는 말로써 강요할 것이 아니라, 부모가 먼저 자식에게 모범을 보이고 애정을 쏟는 것이 중요하다.

흔히들 부모의 말에 무조건 순종하는 자식을 효자라고 하고, 나이 드신 어른의 말에 무조건 순종하는 것이 경로사상이라고 생각한다. 그러나 부모들에게는 자식들이 이유있는 항의나, 정당한 의사표현을 하며 순종하지 않는 것도 포용할 수 있는 자세가 필요하다. 마찬가지로 나이가 많은 사람에게도 잘못된 것은 잘못된 것이라고 지적하는 것이 허용될 때 진정한 경로사상이 발현될 수 있다. 어른을 진심으로 존경할 수 있을 때에만 경로가 절로 될 것이기 때문이다.

12

세금과 노후대책

사회가 급변하면서 자녀가 부모를 모시지 않는 경향이 늘어나고 있다. 최근의 보고에 의하면 노부부 중에서 자식과 따로 살고 있는 경우가 50% 정도라고 한다. 앞으로는 점점더 그 수치가 높아지리라 생각한다. 나 자신도 노후를 맞이한다고 가정했을 때, 자식에게 의지하고 싶은 마음이 조금도 없다.

그런데 아직까지 우리 사회는 국민들의 노후복지정책이 부실한 것이 사실이다. 이에 나름의 방법을 세금과 관련해 제시해 보고자 한다.

세금을 내는 것은 국민의 의무이다. 그러나 우리가 젊었을 때 아무리 일을 열심히 하고 세금을 정직하게 냈더라도, 별도의 노후대책을 세워놓지 않는다면, 우리가 버는 족족 국가에 지불하는 세금은 노후를 위해 아무런 도움을 주지 못 한다.

국민연금제도가 있지만, 그것은 개인이 회사나 기타 사업장에 속해 있는 경우에만 그 혜택이 주어진다. 소속이 없는 사람은 개인적으로 국민연금에 가입해야 하는데, 직장인들보다 혜택이 거의 없다.

만일 세금의 일정액을 세금 보고자의 노후대책을 위한 기금으로 나라에서 적립해 두었다가 일정한 나이가 되면 되돌려 주는 사회보장제도를 도입한다면, 국민들의 노후에 대한 불안감도 적어지고, 안정된 복지사회가 되리라 생각한다. 또 세금의 액수에 따라 노후를 위한 연금 액수도 달리 한다면, 성실한 세금 보고도 기대할 수 있으리라 생각한다.

트럭에 과일이나 야채를 싣고 다니며 장사하는 청과업자들이나 아르바이트를 하는 학생, 노점상들은 지금의 세금 제도로는 세금을 내지 않아도 될 뿐 아니라 세금을 낼 필요성을 느끼지 않는다.

그러나 지불된 세금에 따라 사회보장제도를 위한 일정액이 적립되고, 일정한 연령이 되었을 때 노후를 위한 연금이 나오게 된다면, 누구나 자신의 노후를 위하여 세금을 내고자 할 것이다. 자신의 수입이 많을 때는 많은 대로, 적을 때는 적은 대로 그때 그때 상황에 따라 일정 액수가 일정한 나이까지 계속 쌓이면 그간의 이자 등을 가산하여 나라로부터 노후에 되돌려 받을 수 있도록 하는 것이다. 결국 젊었을 때의 성실도에 따라 노후를 보장받게 된다.

늙어서 노동을 할 수 없을 때 안락한 노후를 보장받을 수 있다면, 마찬가지로 일용근로자들도 세금을 자청해서 내기 원할 것이다. 부업으로 적은 돈을 버는 주부들도 자신의 노후를 위하여 적은 수입일지라도 세금을 내고자 할 것이다. 또 모든 수입에 대하여 세금보고를 함으로써 부동산을 구입하였을 때, 그에 걸맞는 자금 출처의 근거도 확실하게 제시할 수 있다.

특히 세금을 내면, 거기에 해당되는 노후를 위한 적립액이 표기되는 평생통장을 한 사람 한 사람에게 주민등록증같이 필수품처럼 지참하게 한다면 세금을 낼 때마다 세금낸 금액과 자신의 미래를 위한 예비된 금액을 확인하며 안정된 노후를 기대하게 될 것이다.

또한 각종 금융 거래에서 신용평가 항목이 있다. 그중에 세금의 납세액이 한 평가 요인이 되어야 하며 세금 납세의 정도에 따라 개인의 신용평가에 영향을 미치게 하여 세금을 성실히 낸 사람에게 좋은 조건에 금융거래를 하도록 제도화하는 것이 필요하다고 생각한다.

세금을 내는 것은 국민의 의무이다. 하지만 그 의무를 이행하지 않는 사람이 의외로 많다면, 그리고 그들 때문에 세금을 착실히 납부하는 사람들이 불이익을 당하고 있다면, 이의 시정을 통해서만이 정의사회를 이룰 수가 있으며, 그를 위해 세금을 잘낸 사람들에게 그만한 혜택을 부여하는 것이 많은 탈세자들을 납세의 길로 인도하는 열쇠가 될 수 있을 것이다.

이현숙 교육에세이

엄마도 터놓고 말해야 한다

초판 1쇄 1996년 7월 25일
초판 2쇄 1996년 9월 10일

지은이 이현숙
펴낸이 이정옥
펴낸곳 예은

주소/서울 서대문구 남가좌2동 370-40(우:120-122)
전화/375-8571(영업부) 375-8572(편집부)
팩스/375-8573
등록/제10-328호

값 5,500원　　　* 잘못 만들어진 책은 바꾸어 드립니다.